수학 잘하는 아이들의 비밀 수학

글쓴이 사쿠라이 시오미   옮긴이 김정환
펴낸이 이재은
펴낸곳 세상모든책
편집 조혜린, 송두나   디자인 황숙현
마케팅 이주은, 이은경, 박용
주소 서울시 마포구 서교동 444-16호 영진 빌딩
전화 02-338-2444
팩스 02-338-0902
E-mail everybk@hanmail.net
Homepage www.ieverybook.com   www.세상모든책.kr
출판등록 1997.11.18. 제10-1151호
초판 1쇄 발행 2010년 11월 5일
ISBN 978-89-5560-266-1 73410

Text Copyright ⓒ 2010 세상모든책
이 책에 실린 글과 그림을 무단으로 복사, 목제, 배포하는 것은 저작권자의 권리를 침해하는 것입니다.

《UCHINOKO WA SANSUU GA DEKINAI TO OMOU MAE NI YOMU HON》
ⓒ Shiomi Sakurai 2008
All rights reserved.
Original Japanese edition published by KODANSHA LTD.
Korean publishing rights arranged with KODANSHA LTD.
through EntersKorea Co., Ltd.

이 책의 한국어판 저작권은 (주)엔터스코리아를 통한
일본의 KODANSHA LTD.와의 독점 계약으로 세상모든책이 소유합니다.
신 저작권법에 의하여 한국 내에서 보호를 받는 저작물이므로 무단전재와 무단복제를 금합니다.

잘못 만들어진 책은 바꾸어 드립니다.

수학 잘하는 아이들의
비밀 수학

사쿠라이 시오미 글 김정환 옮김

저는 약 25년 동안 일본의 중학 입시를 담당해 왔습니다.

대형 입시 학원에서 주로 상위권 중학교를 목표로 하는 상위권 학생들을 대상으로 수학과 과학을 가르쳤는데, 5년 정도 전에 그 학원을 나와 지금은 교재를 만들면서 틈틈이 가정 교사 일을 하고 있습니다.

그런데 가정 교사를 해 온 5년 동안 저는 참으로 많은 것을 발견했습니다. 성적이 오르지 않아 고민하는 아이들이 안고 있는 문제점이 무엇인지 깨달은 것입니다.

'그렇게 하면 절대로 수학을 잘할 수 없어.' 라는 발견이었습니다. 오랫동안 상위권 학생들만 가르쳐 온 탓인지, 학원에서는 깨닫지 못했던 점들이 참으로 많았습니다.

1 '센스가 없어서 수학을 못한다.' 라고 생각하고 있습니까?

분명히 수학을 잘하는 아이 중에는 유난히 센스가 좋은 아이가 있습니다.

하지만 수학을 못하는 이유는 센스가 없어서가 아니라 문제를 푸는 방식에 문제가 있을 때가 훨씬 많습니다.

 효율적인 학습 방법이 몸에 배면 수학에 자신이 없던 아이도 공부에 재미를 붙이고 원래 성적이 좋은 아이는 더 높은 성적을 얻을 수 있게 됩니다.

 그보다 더 큰 문제는 수학을 조금 못한다고 해서 '나는 수학 센스가 없어.'라고 포기해 버리는 일입니다.

 잠시 제 이야기를 하자면, 저는 중학생 시절, 부모님에게 "넌 운동 신경이 둔해."라는 말을 들었습니다. 다른 과목은 다 수인데 체육만 미를 받은 적도 있었지요.

 그때 전 뜀틀도 제대로 못 뛰어넘었고 철봉에 매달려 거꾸로 돌기도 못했습니다. 저 자신도 운동 신경이 둔하다고 생각했기 때문에 운동을 잘하려는 노력조차 하지 않았습니다.

 그런데 체조부에 있던 친구가 이런 저의 생각에 변화를 가져다 줬습니다.

 "네가 못한다고 생각하니까 못하는 거야. 내가 가르쳐 줄 테니까 한번 도전해 봐."라는 친구의 말에 저는 조금 망설였지만 도전해 보기로 결심했습니다.

　친구는 "처음부터 못할 거라고 생각하면 아무것도 할 수 없어."라며 계속 용기를 북돋아 줬습니다.

　그런 말을 들어 본 적이 없었기 때문에 처음에는 믿지 않았지만, 친구의 말은 사실이었습니다.

　친구에게 요령을 배우고 계속 도전하다 보니 뜀틀과 철봉에 대한 공포심과 혐오감도 점점 사라졌습니다. 정말 스스로도 놀랄 만한 변화였습니다.

　그렇다고 체육이 특기가 된 것까지는 아니었지만, 운동이 좋아진 것만으로도 제게는 커다란 수확이었습니다.

　이처럼 사람은 마음가짐을 바꾸거나 요령을 조금만 익히면 크게 달라질 수 있습니다.

　공부도 마찬가지입니다. 처음부터 못한다고 생각하면 아무것도 할 수 없습니다.

2 수학 능력은 타고난다?

앞에서 수학 센스에 대해 말했는데, 수학 센스나 재능, 능력 등은 타고나는 것일까요?

이야기가 샛길로 빠지는 것 같기는 하지만 잠시 제가 좋아하는 운동선수들을 예로 들어 보겠습니다.

메이저 리그에서 활약하는 이치로와 마쓰이 히데키, 마쓰자카 다이스케 같은 선수들은 아이들에게 종종 "꿈을 가져라."라고 말합니다.

그들이 초등학교 시절부터 큰 꿈을 품고 오로지 그 꿈을 향해 노력해 왔다는 이야기는 너무나 유명합니다.

그러나 당연한 말이지만, 메이저 리거가 되고 싶다고 해서 누구나 메이저 리거가 될 수 있는 것은 아닙니다.

다른 사람보다 수 배, 아니 수십 배 연습을 해도 대부분의 아이들에게는 기회가 돌아오지 않는 것이 현실입니다. 여기에는 타고난 재능이 매우 큰 몫을 차지하기 때문입니다.

그런데 왜 그들은 그런 이야기는 안 하는 것일까요?

그 이유는 아이들의 숨겨진 재능은 그 누구도 알 수 없기 때문입니다.

학원에서도 비슷한 일이 있었습니다.

"넌 어느 학교에 가고 싶니?"라고 한 5학년 여자아이에게 물어보니 그 아이는 "오인 중학교요."라고 대답했습니다.

그때 저는 내심 '흠……. 거기는 최상위권 학교인데, 조금 무리가 아닐까?' 라고 생각했지요.

물론 겉으로는 조금도 그런 내색을 하지 않고 "오인 중학교라……. 참 좋은 학교지. 열심히 해 보렴!"이라고 말해 줬습니다.

이윽고 6학년 여름 방학이 끝날 무렵 저는 그 아이의 성적을 보고, '여전히 수학 성적이 부족해. 이래서는 오인 중학교 입시 문제는 못 풀지 않을까?' 라고 지레 판단을 했습니다.

하지만 제 생각과는 달리 아이는 조금도 실망하지 않고 자신이 풀지 못하는 문제가 있으면 열심히 제게 질문을 했습니다.

그리고 대형 입시 학원인 요쓰야오오쓰카의 3차 모의고사에서 처음으로 합격률 50%를 넘겨 저를 놀라게 하더니, 결국 당당히 합격을 하더군요. 나중에 그 아이는 제게 이런 말을 했습니다.

"저 말이에요, 10월이 되니까 갑자기 수업 내용이 이해가 되지 뭐예요? 저도 참 신기했어요."

물론 이것은 극단적인 예일지도 모르겠지만, 누가 얼마나 뛰어난 재능을 지니고 있을지는 아무도 모릅니다.

야구든 공부든 의욕만 있다고 해서 누구나 성공할 수 있는 것은 아닙니다.

하지만 누가 성공할 수 있을지는 알 수 없는 법입니다. 지금 수학을 못한다고 해서 실망할 필요는 없습니다. 해보지 않으면 결코 모르는 일입니다. 또 그 노력 속에서 얻을 수 있는 것이 반드시 있습니다.

무의미한 노력은 없습니다.

그렇기에 일류 선수들은 아이들에게 '꿈을 가져라!' 라는 메시지를 보내는 것인지도 모릅니다.

❸ '나는 계산 실수가 잦아.' 라고 생각하지 않습니까?

　그림1과 같은 문제가 있다고 가정하겠습니다. 여러분은 이 문제를 어떤 방법으로 푸나요?

　계산을 실수하는 아이는 대부분 풀이 과정에 문제가 있습니다. 따라서 실수를 하지 않으려면 풀이 과정을 정확하게 쓸 줄 알아야 합니다.

　만약 그림2처럼 풀이를 한다면 아무런 문제가 없습니다. 하지만 한 자릿수 곱셈이 편하다고 해서 그림3처럼 풀이 과정을 적는다면 문제가 될 수 있습니다. 이렇게 풀이 과정을 적는다면 대부분 340×30의 계산을 그림4처럼 합니다.

　여기에는 '번거롭다.', '시간이 걸린다.', '단위를 잘못 계산할 수 있다.' 라는 등의 문제점이 있으며, 아마도 평소에 '계산이 느리다.', '계산 실수가 잦다.' 라는 말을 자주 들을 것입니다. 일반적으로 340 × 30은 그림5처럼 계산하는 것이 좋습니다.

그림1

346 × 7

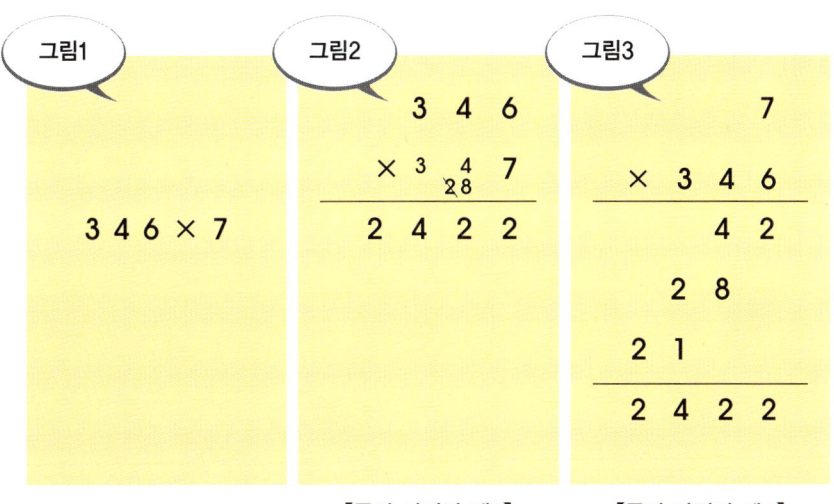

【풀이 과정의 예1】 【풀이 과정의 예2】

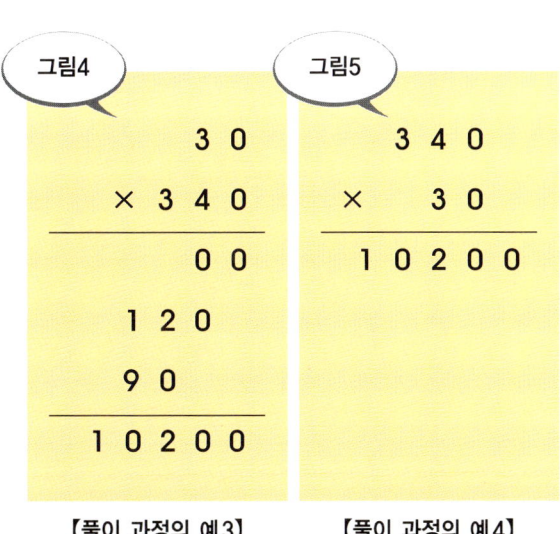

【풀이 과정의 예3】 【풀이 과정의 예4】

15

4 계산 연습만 반복해서는 계산 실수가 줄어들지 않습니다

 계산 실력을 키우려면 요령이 필요합니다. 물론 연습을 많이 해야겠지만, 연습 방법은 확인하지 않고 답만 맞혀서는 눈에 띄는 실력 향상을 기대할 수 없지요.

 그림6의 계산을 생각해 봅시다. 소수 계산까지만 배웠느냐, 분수까지 배웠느냐, 또 분수를 어느 수준까지 사용할 수 있느냐에 따라 이 문제를 계산하는 방법이 달라집니다. 만약에 소수까지만

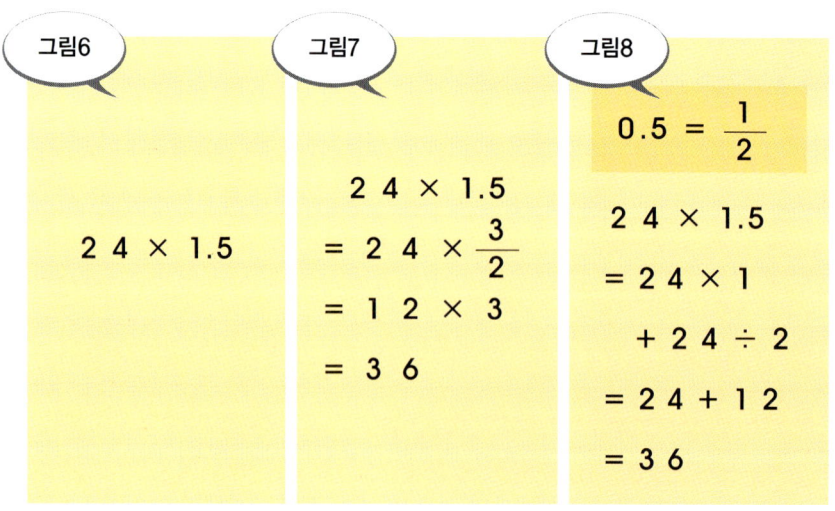

배웠다면 그대로 계산을 하면 됩니다. 하지만 분수를 배웠다면 그림7처럼 식을 변형해서 풀 수 있을 것입니다. 그리고 여기서 수준이 한 단계 더 올라가면 그림8과 같이 암산으로 답을 구하면 됩니다. 이렇게 수준에 맞게 푸는 것이 중요합니다.

5 정육면체를 똑바로 그릴 수 있습니까?

 도형 센스가 없다는 말을 듣는 아이들에겐 공통점이 하나 있는데, 그것은 바로 도형을 정확하게 그리지 못한다는 것입니다. 그런 아이들 대부분은 필통에 자를 넣고 다니지 않습니다. 도형을 정확하게 그리려는 의지가 처음부터 없는 것이지요.

 문제를 풀다 보면 도형이 필요할 때가 많은데, 도형을 제대로 그릴 수 없다면 정답은 도저히 기대할 수 없습니다. 문제의 그림을 보고 적당히 감으로 찍어서는 안됩니다.

 먼저 자를 이용해서 정사각형과 평행 사변형을 그리는 것부터 시작해서 올바른 정육면체를 그릴 수 있도록 노력하십시오. 입체 감각은 처음부터 가지고 있는 것이 아니라 후천적으로 익히는 것입니다.

그 첫걸음이라고 할 수 있는 것이 바로 선이나 도형을 그리는 '작도'입니다.

6 문제를 읽으면서 무엇을 합니까?

문제를 읽는 데도 요령이 있습니다. 물론 그저 읽기만 해서는 안 되지요. 문제에 나온 숫자에 밑줄을 긋거나 동그라미 표시를 하는 것은 그나마 괜찮습니다. 하지만 이것도 완전한 방법은 아닙니다.

사회 공부를 할 때 교과서나 참고서의 중요 부분에 밑줄을 긋고 요점을 형광펜으로 칠한다고 해서 그 지식이 머릿속에 외워지지는 않으니까요. 여기에서 한발 더 앞으로 나아가야 합니다.

문제의 내용을 정확히 이해하려면 조건을 써 내려가야 합니다. 어떤 순서로 써 내려가야 할지는 이 책에서 구체적인 예를 들어 설명하고자 합니다.

7 성공 체험이 중요하다

 어떤 일이든 잘 풀리지 않으면 자신감을 잃고 의욕이 사라지기 마련입니다.

 공부도 마찬가지입니다. '풀었다!' 라는 기분 좋은 경험이 의욕을 이끌어 내며 노력을 계속하기 위한 에너지가 됩니다. 그러므로 '풀었다!' 라는 쾌감을 느끼는 것이 중요합니다. 문제를 끝까지 풀도록 노력해 봅시다.

꼭 읽어야 하는 머리말 8

제1장 왜 수학을 못할까?

세 가지 약점 25   수학을 못하는 아이는 문제를 어떻게 풀까? 36
문제를 올바르게 읽는 법 37   선을 그려서 문제를 푸는 방법 53
비율과 비의 중요성 58   도형에 강해지는 법 64
식을 쓸 때 주의할 점 68   공부는 올바른 자세로 71

제2장 계산 능력을 향상시키자

매일 다섯 문제부터 시작하자 75   풀이 과정을 확인한다 75
숫자는 깔끔하고 알아보기 쉽도록 조금 크게 쓴다 76
풀이 과정을 적은 것을 지우지 않는다 78   암산 훈련을 한다 79
식은 되도록 하나로 정리한다 81   계산 실수에 대해 83
계산하기 편하게 만든다 84
분수를 소수로, 소수를 분수로 바꾼다 86

차례

약분을 할 때 주의할 점 87

마지막까지 약분을 하지 않는 편이 좋을 때도 있다 89

분수에 익숙해진다 90   역산에 대해 91   단위를 이해한다 92

제3장 수학은 성공 체험이 중요하다

왜 잊어버릴까? 95   알겠니? 98

무엇을 모르는지 모른다? 99   두 가지 문제 100   해결책은? 101

제4장 사고력을 키우자

사고력을 키울 때의 문제점 102   해결 방법1 - 즐거운 체험 103

해결 방법2 - 질문을 한다 103

제5장 직감력

제6장 중요 단원의 공략 포인트

비율 111

1 분수와 소수의 차이 **2** 숫자와 말의 차이 **3** 계산을 잘하는 방법

속도 115

1 단위에 대해 **2** 비를 이용한다 **3** 왕복 문제를 푸는 또 다른 방법

경우의 수 124   규칙성 126   수의 성질 129   평면 도형 132

입체 도형 132   방정식의 이용에 대해 135

'저울'을 이용하는 법 140   비례식을 이용하는 법 142

최소 공배수를 이용하는 법 145   정리 146

부록 부모님께서 주의할 점

부모 자식 간의 관계에 대해 148   아이를 비판하지 않는다 149

아이 앞에서 불안한 감정을 말하지 않는다 150

차례

못한다고 꾸짖지 않는다 152　　학습 계획을 세운다 152

취미 활동은? 153　　만화책은? 텔레비전은? 게임은? 155

공부에 취미가 없는 아이와의 관계는? 156

모르는 것이 있으면 물어보게 한다 158

훌륭한 설명이란? - 사고력편 158

칭찬하는 법, 격려하는 법 160　　왜 공부해야 하는가? 161

친구의 중요성 163　　본질은 공부 164

학원을 고르는 법 165

맺음말　수학 실력을 향상시키려면 169

제1장

왜 수학을 못할까?

수학을 잘하는 아이에게는 몇 가지 귀중한 능력이 있는데, 이는 바로 '계산 능력', '암기력', '사고력', '직감력' 입니다. 이 능력이 모두 갖춰지면 상당한 실력을 발휘하게 되는 것이지요.

그런데 왜 수학을 잘하는 아이와 그렇지 못한 아이로 구분되는 것일까요?

사실 수학 성적이 부진한 아이에게는 일반적으로 '문제를 푸는 방식', '선을 이용해 문제를 푸는 방법', '계산 방법' 등에 문제가 있는 경우가 많습니다. 이런 것들이 능숙하지 않기 때문에 다양한 문제 유형과 해법을 익히기 전에 실패하고 마는 것입니다. 이런 문제점은 끈기 있고 세심한 노력으로 없앨 수 있습니다.

시간이 필요한 작업이지만 본인의 의지만 있다면, 전보다 더 적극적으로 수학 공부를 할 수 있게 될 것입니다.

자신감이 붙은 아이의 수학 성적이 오르는 것은 당연한 일이지요.

1. 세 가지 약점

수학으로 고민하는 아이에게는 세 가지 약점이 있습니다.

❶ 계산 능력이 없다. 특히 분수에 약하다.

❷ 근본적인 원리를 이해하려 들지 않는다.

❸ 정신적으로 어리기 때문에 문제를 이해하지 못한다.

'전부 내 얘기잖아!'라고 실망하지는 말기 바랍니다. 거의 모든 아이들이 크든 작든 이런 약점을 가지고 있으니까요.

일반적으로 이 약점을 해결하기 위해서 '계산 연습을 반복한다.', '일단 푸는 법을 외운 다음 숫자만 바꿔서 비슷한 문제를 계속 푼다.', '문제의 독해력을 키우기 위해 국어 공부에 힘을 쏟는다.' 등의 방법을 사용하는데, 사실 이런 방법은 별로 효과가 없습니다.

먼저, 계산 실수가 잦은 아이는 계산 연습을 반복한다고 해도 계산 실수가 줄어들지 않습니다.

왜냐하면 계산 실수는 '덧셈 뺄셈'이나 '구구단' 같은 기초가 부족해서가 아니라 계산 방법에 문제가 있는 경우가 많기 때문입니다. 근본적으로 잘못된 계산 방법을 고치지 않는 이상 나쁜 습관이 굳어질 뿐 발전할 수 없습니다.

옛날에 계산 실수를 많이 하는 5학년들에게 매일 수업 시작 전,

계산 문제 다섯 개를 풀게 했던 적이 있습니다. A4 용지에 분수 문제 다섯 개를 인쇄해서 나눠 주고 답은 제가 입으로 불러 줘서 맞춰 보게 했는데, 하루는 한 아이가 "계산을 어떻게 했는지 계산 과정도 가르쳐 주시면 안 돼요? 전 항상 틀리기만 하는 걸요. 안 틀리는 아이가 어떻게 푸는지 보고 흉내 내고 싶어요."라고 말했습니다. 그 말을 듣고 다른 아이들도 "저도요." 하며 고개를 끄덕이더군요.

그래서 이후에는 저의 풀이 방식을 인쇄해서 아이들에게 나눠 주었습니다. 그랬더니 상당한 효과가 있더군요.

아이들은 제 풀이 방식을 흉내 내게 되었고, 또 저는 아이들이 어떻게 계산하는지에 관심을 가지게 되었습니다.

그리고 계산 과정까지도 자세히 살펴보면서 이상한 부분을 지적해 주었습니다. 어느 순간 반 전체의 계산 실력이 눈에 띄게 상승하더군요.

여기에서 잠시, 계산을 할 때 분수가 얼마나 중요한지에 대해 말할까 합니다. 수학을 어려워하는 아이들 대부분이 분수를 잘 활용하지 못합니다. 수학을 잘하는지 못하는지 알아보는 척도가 바로 '분수' 입니다.

먼저 분수를 소수로, 소수를 분수로 빠르게 바꿀 수 있느냐가 중요합니다. 예를 들어 그림9와 같이 식을 머릿속에서 변형할 수 있느냐는 것이지요. 이것을 제대로 못한다면 그 원인은 단순한 속도 문제가 아니라 근본적으로 '비율'이라는 것을 제대로 이해하지 못했기 때문입니다.

> **그림9**
>
> $$98 \times 0.5 = 98 \times \frac{1}{2} = 98 \div 2 = 49$$

'비율'이라는 단원을 충분히 이해하지 못하면 분수를 제대로 활용하기도 힘들고 그 결과 분수 계산도 잘하지 못합니다. 의미도 모르면서 어떻게 제대로 사용할 수 있을까요? 수학 능력을 키우려면 먼저 분수의 의미와 사용법을 충분히 이해해 분수 계산 능력을 향상시켜야 합니다.

다음으로 숫자만 바꿔 놓은 비슷한 문제를 반복 연습하는 방법 역시 조금 문제가 있습니다. 정답을 맞힌 아이는 당연히 비슷한 문제를 연습할 필요가 없습니다.

그런데 정답을 맞히지 못한 아이가 비슷한 문제를 반복적으로 연습한다고 해서 문제를 이해할 수 있게 될까요?

문제 풀이 방법을 익힌 후, 그것을 이해했는지 확인하기 위해 비슷한 문제를 푸는 것이라면 도움이 되겠지만, 문제 푸는 법을 익히기 위한 목적으로는 무리가 있습니다.

【예제1】 연필이 몇 자루 있습니다. 이 연필을 아이들한테 나눠 주려 하는데, 한 명에게 3자루씩 나눠 주면 13자루가 남고, 5자루씩 나눠 주면 한 자루가 모자랍니다. 아이들의 수는 몇 명일까요?

> 그림10

$$(13 + 1) \div (5 - 3) = 7(명)$$

【예제1의 해답】

다음과 같은 문제를 보십시오. 단지 숫자만 바뀐 문제입니다.

【예제2】 연필이 몇 자루 있습니다. 이 연필을 아이들한테 나눠 주려 하는데, 한 명에게 4자루씩 나눠 주면 6자루가 남고, 5자루씩 나눠 주면 2자루가 모자랍니다. 아이들의 수는 몇 명일까요?

> 그림11

$$(6 + 2) \div (5 - 4) = 8(명)$$

【예제2의 해답】

그림11처럼 **【예제1】**의 모범 답안에 맞춰 식을 세우고 숫자를 바꿔 계산하면 정답을 이끌어 낼 수가 있습니다. 하지만 그렇게 해

서 정말로 문제와 식의 의미를 이해할 수 있었나요?

다음 예제를 살펴보도록 하지요.

[예제3] 연필이 몇 자루 있습니다. 이 연필을 아이들한테 나눠 주려 하는데, 한 명에게 3자루씩 나눠 주면 13자루가 남고, 5자루씩 나눠 주면 한 자루가 남습니다. 아이들의 수는 몇 명일까요?

> 그림12

$$(13 - 1) \div (5 - 3) = 6(명)$$

【예제3의 해답】

[예제1]과 **[예제2]**는 '첫 번째는 남고 두 번째는 모자라는 경우'이지만 **[예제3]**은 '첫 번째와 두 번째 모두 남는 경우'여서 첫 번째 계산이 덧셈이 아닌 뺄셈으로 바뀝니다.

따라서 내용을 이해하지 못하고 식의 유형만 익힌다면 이런 문제가 나올 때마다 "이건 더해야 해요, 빼야 해요?"라는 의문을 품게 됩니다.

문제를 풀 때 중요한 점은 유형을 외우는 것이 아니라 내용을 이해하는 것입니다.

비슷한 문제를 연습하는 목적은 유형을 외우기 위해서가 아니라 내용을 올바르게 이해했는지 확인하기 위함입니다. 이런 문제에서의 기본은 '차이'를 '차이'로 나눈다는 것입니다. 이 원리를 다음과 같이 그림으로 이해해 봅시다.

【예제1】 3자루씩 나눠 줄 때 남게 되는 13자루에서 2자루씩 위로 올려서 한 명에게 5자루씩 나눠 주면 한 자루가 부족하다는 것을 나타내는 그림입니다.

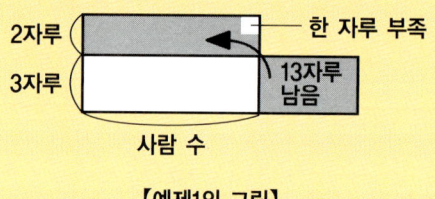

【예제1의 그림】

3자루씩 나눠 줄 때와 5자루씩 나눠 줄 때 필요한 연필 개수의 차이(13+1=14자루)를 한 명에게 나눠 주는 연필 개수의 차이(5-3=2)로 나누면 사람 수가 7명이라는 답이 나옵니다.

【예제3】 3자루씩 나눠 줄 때 남게 되는 13자루에서 2자루씩 위로 올려서 한 명에게 5자루씩 나눠 주면 한 자루가 남는다는 것을 나타내는 그림입니다.

그림14

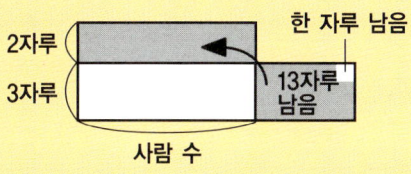

【예제3의 그림】

3자루씩 나눠 줄 때와 5자루씩 나눠 줄 때 필요한 연필 개수의 차이(13−1=12자루)를 한 명에게 나눠 주는 연필 개수의 차이(5−3=2)로 나누면 사람 수가 6명이라는 답이 나옵니다.

이렇게 해서 문제를 확실히 이해한 다음, '차이를 차이로 나누는 것'이므로 '남음 − 모자람'일 때는 둘을 더하고 '남음 − 남음'이나 '모자람 − 모자람'일 때는 둘을 빼서 '차이'를 구한다는 것을 이해해야 합니다. 그 단계를 건너뛰면 문제를 풀 때마다 "이건 더해야 해요, 빼야 해요?"라는 의문을 품게 되는 것입니다.

또 이런 문제는 방정식으로 만들면 쉽게 풀 수 있습니다. 어느 정도 계산 능력이 있으면 단번에 방정식으로 만들어 풀 수도 있는데, 그것이 가능해지면 몇몇 단원은 아주 수월하게 넘길 수 있습니다. 이때 초등학생은 x라는 변수 대신에 ①을 이용해 풀면 좀 더 친숙하게 느낄 것입니다.

【예제1】은 그림15와 같이 됩니다. 그런데 여기에서는 좌우의 숫자의 차이를 13 − 1 = 12라고 계산하기 쉬우니 계속된 연습으로 익숙해지도록 해야 합니다.

> **그림15**
>
> $3 × ① + 13 = 5 × ① − 1$
>
> 좌우에 있는 ○의 차이는 좌우의 숫자의 차이와 같으므로
>
> ⑤ − ③ = 13 + 1에서,
>
> ① = 14 ÷ 2 = 7(명)

【예제1의 방정식】

'좌우의 ○의 차이는 좌우의 숫자의 차이와 같다.'라고 했는데, 이것은 이항(부등식의 한 변에 있는 항을 그 부호를 바꿔 다른 변으로 옮기는 일)이라는 개념입니다. 하지만 음수를 아직 모르는 초등학생이 있을지도 모르겠군요.

등식의 좌우에 ○와 숫자가 있는 패턴에는 그림16에서 그림18과 같이 세 가지가 있습니다. 이것은 기준선을 생각하면 쉽게 이해할 수 있습니다.

이 계산이 가능해지면 방정식을 사용해서 문제를 풀기가 쉬워질 뿐만 아니라 '비'를 사용하는 단원에서도 효과적으로 이용할 수 있습니다.

> 그림16

⑤ + 24 = ③ + 36

좌우의 ○의 차이는 ②, 숫자의 차는 12입니다. 좌우의 ○의 차이는 좌우의 숫자의 차이와 같으므로,

② = 12에서, ① = 6

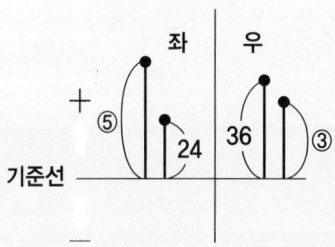

【등식의 좌우에 있는 ○와 숫자의 패턴1】

> 그림17

⑥ - 15 = ⑨ - 27

-15와 -27을 아래로 그려서 좌우의 차이를 생각합니다.

좌우의 ○의 차이는 ③이고 숫자의 차이는 12이므로,

③ = 12에서, ① = 4

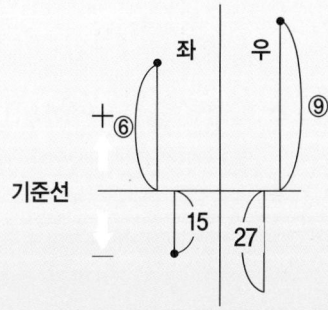

【등식의 좌우에 있는 ○와 숫자의 패턴2】

그림18

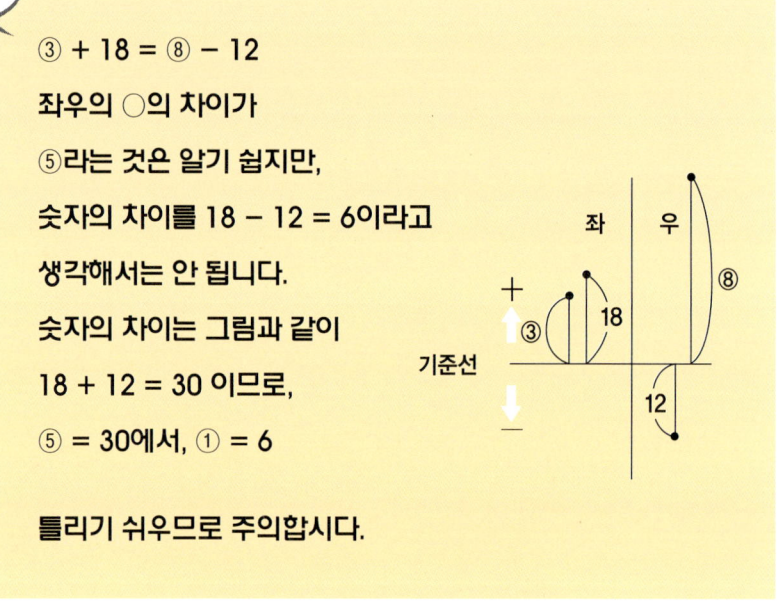

③ + 18 = ⑧ − 12

좌우의 ○의 차이가
⑤라는 것은 알기 쉽지만,
숫자의 차이를 18 − 12 = 6이라고
생각해서는 안 됩니다.
숫자의 차이는 그림과 같이
18 + 12 = 30 이므로,
⑤ = 30에서, ① = 6

틀리기 쉬우므로 주의합시다.

【등식의 좌우에 있는 ○와 숫자의 패턴3】

    방정식을 이용하면 더 쉽게 풀 수 있는 단원은 이밖에도 여러 가지가 있지만, '식염수의 농도'나 '속도' 같은 단원은 방정식으로 만들면 계산이 번거로워질 수가 있기 때문에 권하지 않습니다.

    그리고 고전적인 계산법으로 문제를 풀면 두뇌를 쓰게 되니까 머리가 좋아질 것이라고 생각하는 사람이 있습니다. 그것이 사실인지는 잘 모르겠습니다만, 생각이라는 작업이 능력을 높이는 데 도움을 주는 것은 틀림없다고 생각합니다.

이제 세 번째 약점인 '정신적으로 어리다는 문제'에 대해 생각해 볼까요? 정신적으로 어리기 때문에 문제를 이해하지 못하는 경우가 있습니다. 제가 가르친 한 아이가 오인 중학교 입학 시험을 봤는데, 수학 문제 중에 이해되지 않는 부분이 있자 대담하게도 시험 중에 손을 번쩍 들고 질문을 했답니다. 그런데 담당 선생님이 "스스로 잘 생각해 보렴."이라고 말하자 당황한 나머지, 머릿속이 깜깜해졌다고 하더군요. 결국 안타깝게도 오인 중학교에는 합격하지 못했습니다. 시험 도중엔 선생님께 질문을 할 수 없습니다. 어리기 때문에 할 수 있었던 거침없는 행동이라고 할 수 있습니다. 이런 미숙함은 국어 실력을 통해 조금씩 개선해 나가야 하지 않을까 생각합니다.

독해력을 키우기 위해 국어 공부에 힘을 쏟아야 함은 틀림없는 사실입니다. 국어는 모든 교과목의 근본이라고도 할 수 있습니다. 국어 실력이 너무 떨어져 문제의 의미를 이해하지 못한다면 애초에 문제를 풀 수가 없으니까요. 하지만 국어 공부를 한다고 해서 반드시 수학 문제를 푸는 능력이 좋아진다고는 말할 수 없습니다. 국어는 잘하지만 수학은 못하거나, 평소에 하는 말은 유치한데 수학은 참 잘하는 아이도 많으니까요. 국어 공부가 수학에 도움이 되지 않는다고 말할 수는 없지만, 수학 실력을 위해 국어에 많은 시간을 들이는 것이 과연 얼마나 효과가 있을지 의문이 듭니다.

그렇다면 독서와는 어떤 관계가 있을까요? 독서량이 많은 아이 중에는 정신적으로 성숙함이 느껴지는 아이가 많습니다. 하지만 책을 거의 읽지 않는데도 똑똑한 아이가 있는가 하면, 독서량이 많은데도 정신적으로 미숙한 아이도 있습니다. 하지만 책을 읽으면 상상력과 사고력이 풍부해집니다. 공부를 폭넓은 관점에서 생각하면 독서는 아이들의 성장에 좋은 영향을 준다고 생각합니다. 정신 연령은 무엇의 영향을 많이 받을까요? 아무래도 평소의 '대화'가 아닐까 합니다. '부모, 형제, 친구' 간에 어떤 대화를 하느냐에 따라 정신 연령이 향상되기도 하고 그렇지 못하기도 합니다. 대화를 할 때 중요한 점은 '남의 이야기를 끝까지 듣는다.', '자신의 의견을 똑바로 말한다.', '상대방과 의견이 다르면 타협도 생각해 본다.' 등입니다.

2. 수학을 못하는 아이는 문제를 어떻게 풀까?

수학에 약한 아이들은 문제를 어떻게 풀까요? 제가 지금까지 살펴본 바로는 대체적으로 다음과 같은 패턴을 보입니다.

❶ 문제를 끝까지 읽는 동안 아무런 행동도 하지 않는다.
❷ 머릿속 생각만으로는 해법이 정리되지 않아 점점 피곤해한다.
❸ 결국은 짜증을 내며 포기하거나 의미 없는 숫자를 나열한다.

수학은 일단 계산 능력이 필요한 과목이지만, 이를 잘하려면 먼저 문제를 읽는 법을 알아야 합니다. 계산에 대해서는 뒤에서 다루기로 하겠습니다.

3. 문제를 올바르게 읽는 법

수학 문제를 풀 때는 다음 두 가지를 실천해야 합니다. 특히 두 번째는 매우 중요합니다.

❶ 문제에 나오는 숫자에 동그라미를 치면서 읽는다.
❷ 그림이나 조건을 손으로 적고 그것을 읽으면서 풀이법을 생각한다. → 문제를 반복해서 읽지 않는다.

수학 문제에는 당연하지만 숫자가 나옵니다. 문제가 짧으면 읽으면서 식을 쓰고 답을 구할 수 있지만, 문제가 길어지면 나오는 숫자가 많아져 복잡해집니다.

이럴 때 문제를 끝까지 계속 읽는 것은 현명한 방법이 아닙니다. 끝까지 읽더라도 주어진 조건을 전부 머릿속에 넣어 두기는 어렵기 때문에 결국 처음으로 돌아가 다시 한 번 읽게 되는 경우가 발생되기 때문이지요.

이런 시간 낭비를 줄이려면 문제를 읽으면서 숫자가 나올 때마다 그 숫자의 의미를 간단하게 적어 나가는 것이 좋습니다. 이때 문제에 밑줄을 긋기만 해서는 안 됩니다. 자신의 손으로 직접 써보며 문제의 조건을 의식하는 것이 중요합니다. 이렇게 하면 올바른 판단을 내리기 쉬워집니다. 그리고 손으로 옮겨 쓴 조건을 보면서 문제를 푸는 것입니다.

그래도 문제 풀이의 실마리가 보이지 않을 때는 다시 문제를 읽으며 무엇인가 조건을 빼먹지는 않았는지 확인합니다.

【예제1】의 그림19, 20을 같이 보도록 할까요?

【예제1】 A, B라는 두 수가 있습니다. A는 B의 세 배보다 5가 큰 수이며, A에서 B를 뺀 값은 27입니다. 이때 A는 몇일까요?

A, B라는 두 수의 대소 관계가 문제에 나와 있습니다.
 '두 수를 비교하는 문제구나.' 라고 깨달으면 바로 아래와 같은 선을 그립니다.

그림19

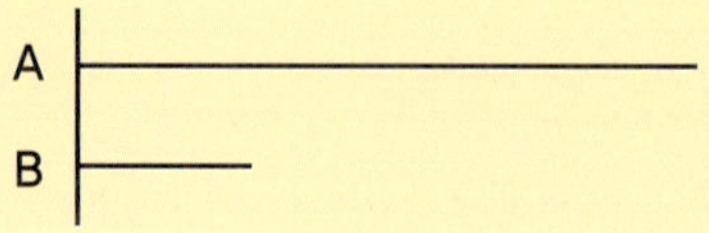

【조건을 옮겨 적는 법 : 제1단계】

그림19에서 그린 선에 조건을 더 자세히 적어 넣으면 아래와 같이 완성됩니다.

그림20

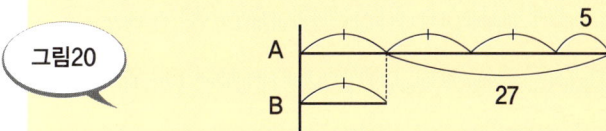

이 그림에서 (27 - 5) ÷ 2 = 11로 B를 구할 수 있으므로,
A는 11 + 27 = 38이 됩니다.

【조건을 옮겨 적는 법 : 제2단계】

선을 깔끔하게 그리려면 요령이 필요하지만 이것에 대해서는 뒤에서 다루기로 하고, 여기에서 중요한 점은 '조건을 손으로 쓰는 것이 문제를 풀기 위한 작업'이라는 것입니다.

이 문제는 3~4학년 수준의 쉬운 문제라 문제를 한 번만 읽고도 금방 계산에 들어갈 수 있는 아이가 많을 것입니다.

하지만 문제의 난이도가 높아져서 문제를 읽어도 이해가 안 될 때, 바로 그림을 그리기 시작할 수 있느냐 없느냐는 그 문제를 맞히느냐 못 맞히느냐를 좌우합니다.

문제 조건을 손으로 써 보는 작업이 몸에 익으면 수학 실력은 크게 향상될 것입니다.

이번에는 【예제2】를 살펴보지요.

【예제2】 A, B, C라는 세 사람이 가진 돈의 합계는 5000원입니다. A가 B보다 200원을, B가 C보다 300원을 더 가지고 있다면 A는 얼마를 가지고 있을까요?

먼저 A와 B의 차이가 200원이라고 써 있으니까 아래와 같이 그림을 그립니다.

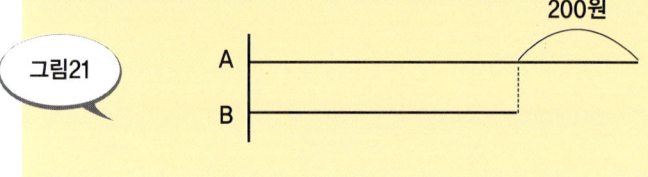

그림21

【조건을 옮겨 적는 법 : 제1단계】

다음으로, B와 C의 차이인 300원과 가진 돈의 합계인 5000원을 적어 넣습니다.

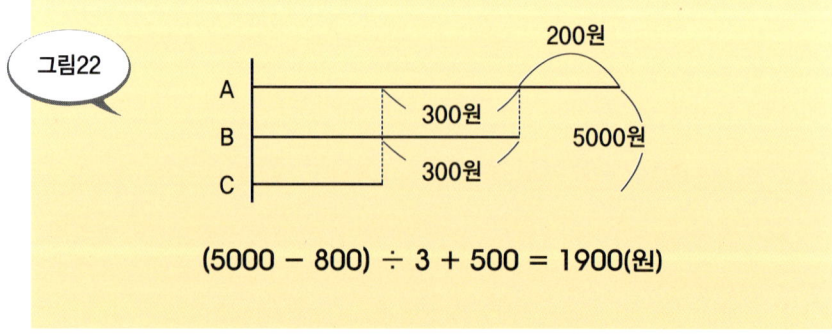

그림22

$(5000 - 800) \div 3 + 500 = 1900(원)$

【조건을 옮겨 적는 법 : 제2단계】

그림22까지 그릴 수 있으면 나머지 계산은 아주 간단합니다. 성적이 좋은 학생이라면 충분히 풀 수 있을 문제이지만, 문제를 읽으면서 얼마나 빠르게 이 그림을 그릴 수 있느냐가 바로 계산 능력의 차이를 말해 줍니다. 문제를 푼다는 것은 계산을 시작하기 전에 하는 이런 작업을 가리킨다고 해도 과언이 아닙니다.

이번에는 【예제3】을 볼까요?

【예제3】 A, B, C라는 세 사람이 가진 구슬을 모두 합치면 150개입니다. 먼저 A가 가지고 있는 구슬의 $\frac{1}{5}$을 B에게 주고, 다음에는 B가 가지고 있는 구슬의 $\frac{1}{7}$을 C에게 줬더니 B와 C가 가진 구슬의 개수는 각각 48개와 66개가 되었습니다. 그렇다면 B가 처음에 가지고 있었던 구슬은 몇 개였을까요?

먼저 A가 가지고 있는 구슬의 $\frac{1}{5}$을 줬다고 써 있으므로, A가 처음 가지고 있었던 구슬의 수를 ❺라고 하고 ❶을 B에게 줬음을 나타냅니다.

그림23-1

A   B   C
❺
   ↘
      ❶

【조건을 옮겨 적는 법 : 제1단계】

다음으로 B가 가지고 있는 $\frac{1}{7}$을 C에게 줬다고 써 있으므로, A에서 ❶을 받은 뒤에 B가 가지고 있는 구슬의 수를 ❼이라고 하고 ❶을 C에게 줬음을 나타냅니다. 그리고 이때 B와 C가 가지고 있는 구슬의 개수를 아래에 적습니다.

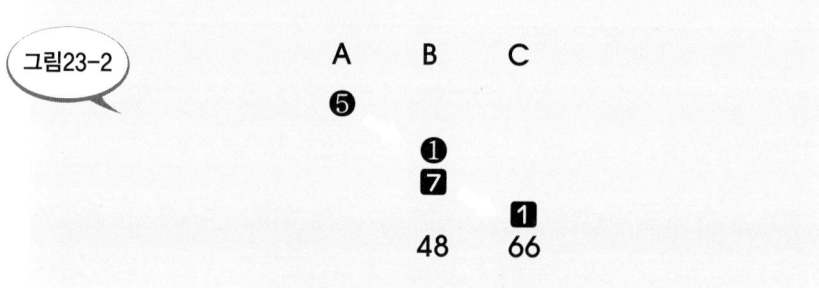

【조건을 옮겨 적는 법 : 제2단계】

A는 ❺에서 ❶이 줄었으므로 가지고 있는 구슬의 개수가 ❹가 되었습니다. 이것도 아래에 적어 줍니다.

자, 여기서부터는 어떻게 해야 할까요?

여기가 중요한 부분입니다. 그림을 보며 생각해 봅시다.

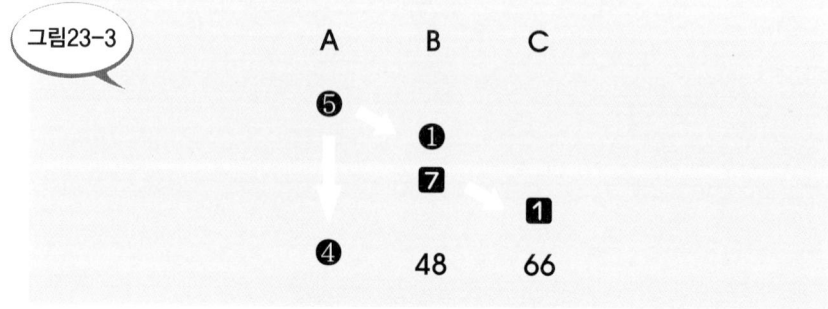

【조건을 옮겨 적는 법 : 제3단계】

제3단계에서 적혀 있지 않은 것이 두 가지 있습니다.

그림을 보고 아직 무엇인가가 부족함을 느껴 문제를 다시 한 번 읽어 보면 세 명이 가지고 있는 구슬의 합계가 150개임을 깨닫게 됩니다. 또 B가 ❼에서 ❻으로 줄었다는 사실도 깨닫는다면 이제 제4단계로 넘어갑니다.

여기까지 왔으면,

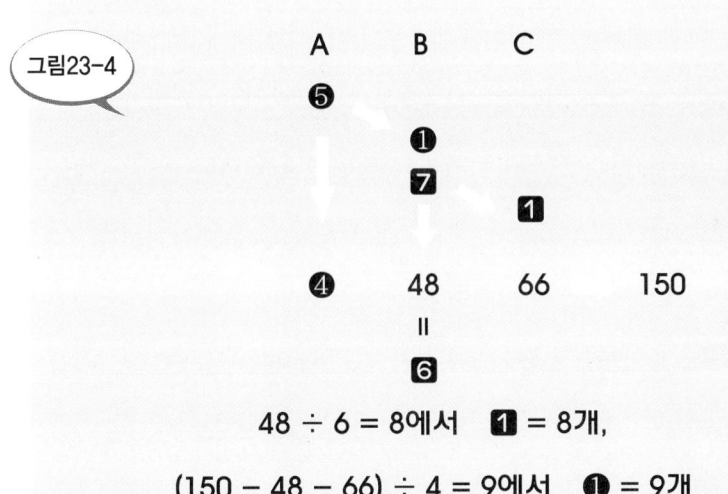

그림23-4

$$48 \div 6 = 8 에서 \quad \blacksquare = 8개,$$
$$(150 - 48 - 66) \div 4 = 9에서 \quad ● = 9개$$

임을 알 수 있으며,

따라서 B가 처음에 가지고 있던 구슬의 개수는 다음과 같습니다.

$$8 \times 7 - 9 = 47(개)$$

【조건을 옮겨 적는 법 : 제4단계】

다음으로 【예제4】는 매매 손익에 관한 문제인데, 먼저 말의 의미를 이해해야 합니다. '구입 가격', '원가', '자본', '정가', '가격 인하', '할인', '판매 가격', '이익', '전망' 같은 말의 의미를 구체적인 예를 들어 확실하게 이해해야 합니다. 그런 말의 의미는 이해하는데도 막상 문제를 풀 때 혼란을 일으킨다면 이는(아래)와 같이 조건을 손으로 써 보지 않기 때문입니다.

> **그림24**
>
> 【예제4】 어떤 물품을 100개 구입해 정가를 30% 비싼 값으로 정하고 팔았는데 30개가 남았습니다. 그래서 정가에서 20%를 할인해 팔았더니 전부 팔리면서 이익이 44400원이 되었습니다. 한 개당 구입 가격을 구하십시오.
>
> 구입 가격① → 정가(1.3)
> → 20% 할인 … (1.3) × 0.8 = (1.04) … 이익은 (0.04)
> 정가로 팔린 분량의 한 개당 이익은 (0.3),
> 20% 할인한 30개의 한 개당 이익은 (0.04)이므로,
> (0.3) × 70 + (0.04) × 30 = (22.2)
> → 이것이 44400원
> 따라서, 한 개당 구입 가격①은, 44400 ÷ 22.2 = 2000(원)

【조건을 옮겨 적는 법】

문제에 따라 방법은 달라지지만, 이 문제에서는 한 개당 구입 가격을 ①이라고 놓고 (위)와 같이 정가와 판매 가격, 이익 등을 적습니다. 원래는 문제를 한 번 다 읽었을 때 이익이 0.04라는 것까지는 쓸 수 있어야 합니다.

답을 구하는 작업이나 계산보다도 문제의 내용을 간단히 옮겨 적는 작업을 연습해야 하는 것이지요.

[예제4]의 설명이 어려운 아이를 위해 이번에는 풀이 과정을 좀 더 알기 쉽게 설명해 보겠습니다.

그림25

구입 가격1 → 정가 1.3 (구입 가격을 1이라고 하고 30퍼센트를 소수로 고치면 0.3이므로 이것을 더하여 정가를 1.3으로 계산합니다.)

20퍼센트 할인(정가에서 20퍼센트를 할인했다는 것은 80퍼센트의 값만 받았다는 의미이므로 이것을 소수로 고쳐 0.8이라 하고, 정가인 1.3에 곱합니다.)

1.3 X 0.8 = 1.04… (이중 구입 가격인 1을 제외하면) **이익은 0.04**

정가로 팔린 100 − 30 = 70개의 한 개당 이익은 0.3,

20퍼센트 할인한 30개의 한 개당 이익은 0.04이므로,

0.3 X 70 + 0.04 X 30 = 22.2

→ 이것이 44400원

(전체 이익 22.2는 구입 가격을 1로 보았을 때의 값이므로 전체 이익이 44400원일 때의 구입 가격을 계산하면)

44400 ÷ 22.2 = 2000(원)

【예제4의 자세한 풀이 과정】

이번에 나오는 【예제5】의 방진(方陣)은 바둑돌을 정사각형으로 늘어놓은 것입니다.

그런데 이때 정사각형을 올바르게 그리지 못하면 그림에 나오는 ①의 2개 분량(가로=세로)이 28개가 된다는 것을 깨닫지 못해 결국 문제를 풀 수 없게 됩니다. 정사각형을 올바르게 그릴 줄 아는 것도 중요한 수학 능력입니다.

[예제5] 중실방진(바깥쪽 한 줄만이 아니라 안쪽까지 꽉 채워서 전체가 정사각형이 되도록 만든 것)이 되도록 바둑돌을 놓았더니 23개가 남았습니다. 그래서 가로와 세로를 한 줄씩 늘렸더니 6개가 모자랐습니다. 바둑돌은 모두 몇 개일까요?

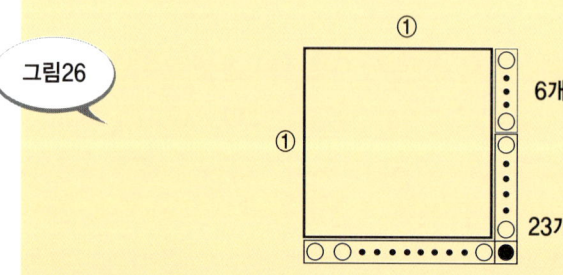

그림26

먼저 정사각형을 그리고 남은 23개와 부족한 6개를 가로세로로 그림과 같이 그립니다. 그러면 오른쪽 아래에 있는 한 개(●)를 제외한 28개가 가로와 세로를 한 줄씩 만들었음을 알 수 있습니다.

$$28 \div 2 = 14$$

$$14 \times 14 + 23 = 219(개)$$

【조건을 옮겨 적는 법】

【예제6】도 먼저 시계 바늘을 문제에 나와 있는 대로 그려 봅니다. 그런데 이때 좌우대칭으로 보이도록 제대로 그리지 않으면 문제를 풀기가 어려워집니다. 여기에서 포인트는 원을 얼마나 깔끔하게 그릴 수 있느냐입니다.

그림27

【예제6】지금 시침은 9시와 10시 사이를 가리키고 있습니다. 그런데 12시와 6시를 잇는 선이 시침과 분침 사이의 각을 이등분한다면 현재 시간은 9시 몇 분인가요?

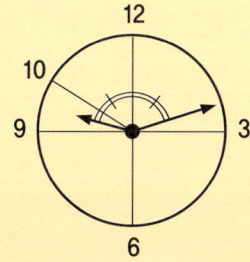

【조건을 옮겨 적는 법 : 제1단계】

> 그림28

【예제6의 해답】

시침과 분침의 시계판을 도는 속도의 비는 1:12이므로,

9시 정각일 때부터 생각하면 시침이 ❶만큼 움직이는 사이에 분침은 ⓬만큼 움직입니다.

시침과 분침이 좌우 대칭이라고 했으므로 이때 분침과 글자판 3의 각도도 ❶이 됩니다.

분침이 글자판의 3을 가리킬 때가 15분인데,

그때의 각도는 ⓭입니다.

지금 분침은 ⓬만큼 움직였으므로,

이때의 시각은

$$15 \times \frac{12}{13} = 13\frac{11}{13} \text{ (분)}$$이 됩니다.

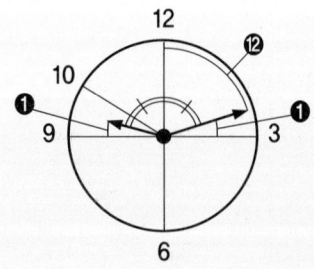

【조건을 옮겨 적는 법 : 제2단계】

그림29

【예제7】 철수는 9시 2분에 역을 출발해 공원을 향해 분속 100미터의 속도로 걸었습니다. 영수는 9시에 공원을 출발해 역을 향해 분속 80미터의 속도로 걸었습니다. 그러자 두 사람은 역과 공원의 정확히 중간 지점에서 만났습니다. 역에서 공원까지의 거리를 구하십시오.

【해답】 ─────────────

먼저 속도 문제임을 알면 위와 같이 선을 하나 긋습니다.

이때 꼭 자를 쓸 필요는 없습니다.

문제를 읽자마자 바로 이 작업을 할 수 있도록 만드는 것이 최우선 과제입니다.

【조건을 옮겨 적는 법 : 제1단계】

이번에는 장소와 인물, 그리고 움직이는 방향을 적어 넣습니다.

그림30

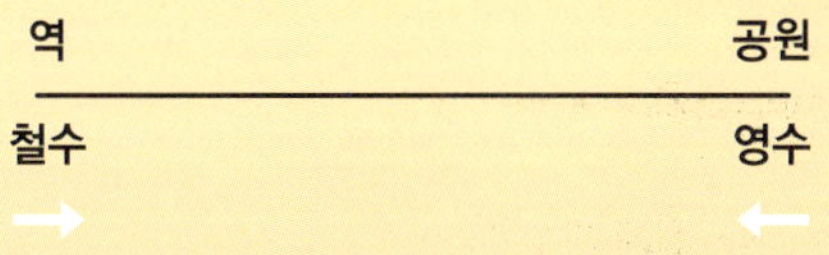

역   공원
─────────────────────
철수   영수
 →   ←

【조건을 옮겨 적는 법 : 제2단계】

이어서 문제에 나오는 숫자에 표시를 하면서 빼먹은 부분이 있는지 확인하고 숫자를 적습니다. (/분은 매분(每分)이라는 의미로, 시속일 경우에는 /시, 초속일 경우에는 /초라고 씁니다.)

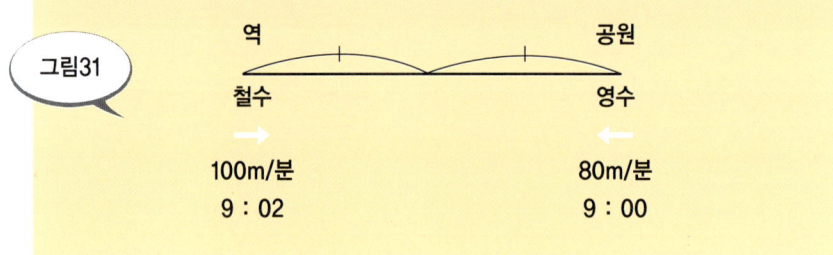

【조건을 옮겨 적는 법 : 제3단계】

지금부터 【예제7】은 모든 조건이 적혀 있는 그림31을 보면서 생각하면 됩니다. 조건을 확인할 때마다 문제를 다시 읽으면 집중력만 떨어질 뿐입니다. 이 그림을 보면 두 사람이 출발한 시간이 다르기 때문에 문제를 풀기가 까다롭다는 사실을 깨닫게 될 것입니다. 그래서 영수를 2분 먼저 출발시켜 봅니다. 그러면 그림32처럼 됩니다.

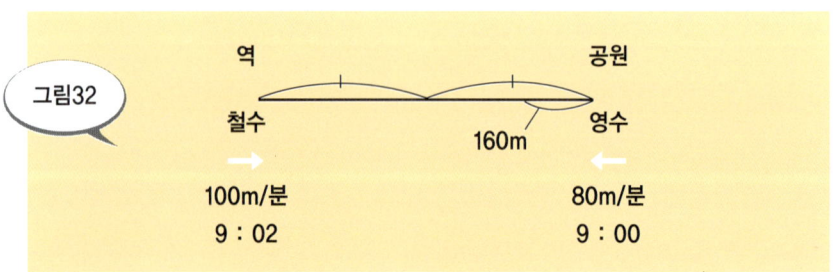

【조건을 옮겨 적는 법 : 제4단계 여기에서는 80×2=160이라는 식을 선 아래에 적어 놓습니다】

아래의 방법은 비를 배우지 않았을 때 자주 사용되며, 비를 배우면 그다지 쓰이지 않습니다. 속도의 비(철수 : 영수 = 5 : 4)를 이용해서 두 사람이 같은 시간에 이동한 거리를 ⑤와 ④라고 가정하고 아래와 같이 적어 넣습니다. 그러면 둘의 차이인 ①이 160미터임을 알 수 있습니다. 구하고자 하는 거리가 ⑩이므로, 답은 1600미터가 됩니다.

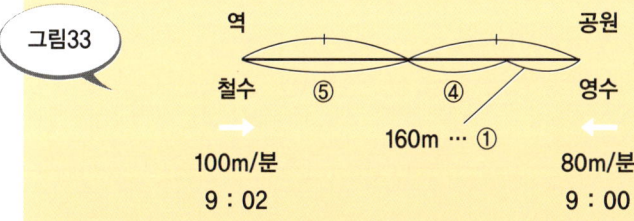

그림33

두 사람이 같은 시간에 이동한 거리의 차이가 160미터라고 생각하면, 매분 20미터씩 차이가 생기므로 160 ÷ 20 = 8분 동안 걷게 된다고 생각하는 방법도 있습니다.

그러면 철수는 100 × 8 = 800미터를 이동하게 되므로, 답은 800 × 2 = 1600미터임을 알 수 있습니다.

【조건을 옮겨 적는 법 : 마지막 단계】

자, 어떻습니까? 이런 그림을 당연히 그릴 수 있는 아이도 있겠지만, 사실 수학에 약한 아이들에겐 다소 어려울지도 모릅니다.

제1단계인 가로선을 긋기까지 많은 시간이 걸릴 뿐 아니라 개중에는 선을 그을 생각조차 못하는 아이도 있을 것입니다. 그리곤 도중에 풀기를 포기해 버리기도 하겠지요.

따라서 문제 풀 때 올바른 습관을 몸에 배도록 하는 것이 중요합니다.

가장 좋은 해결 방법은 체험을 해보는 것입니다. 풀지 못해도 좋으니 일단 무엇인가 해 보려고 시도하는 버릇을 들인다면 수학 실력이 부쩍 늘어날 것입니다.

수학을 잘하는 아이는 문제를 읽으면서 자연스럽게 손을 움직입니다. 가령 【예제7】과 같은 문제라면 대개 한 번 읽었을 때 이미 제3단계까지 완성을 시킵니다.

그림을 그릴 필요도 없이 머릿속에서 풀어 버리는 아이도 드물게 있지만, 그런 아이는 일단 무시하도록 하지요(웃음).

중요한 점은, 풀이법은 문제를 읽으면 알게 되는 것이 아니라 조건을 옮겨 적는 작업 속에서 발견하는 것이라는 사실입니다. 수학이 약한 아이는 그 점을 오해하곤 합니다.

문제를 읽으면 풀이법이 머릿속에 떠오르고, 그 방법에 따라 계산하는 것이 문제를 푸는 작업이라고 오해하는 것입니다.

지금까지의 예제에서 봤듯이, 문제 속에 제시된 조건을 손으로 적고 그것을 보면서 풀이법을 생각하는 것이 수학 문제를 푸는 작업입니다. 우선 문제 푸는 순서를 습득하고, 그림을 그려 보면, 반드시 문제의 답을 이끌어 낼 수 있습니다.

처음에는 잘 그리지 못할 때도 있지만 금방 익숙해집니다.

문제를 보면 금방 무엇인가 적는 버릇을 들이게 되는 것이지요. 아무리 문제를 여러 번 읽는다 해도 적지 않고 읽기만 한다면 시간 낭비일 뿐입니다.

4. 선을 그려서 문제를 푸는 방법

선을 이용해 문제를 푸는 방법을 습득해야 한다고 말하면 '그렇게 쉬운 걸 따로 배울 필요가 있나?' 라고 생각하는 아이도 있을 것입니다. 하지만 선을 올바르게 그리지 못하면 간단한 문제도 풀지 못할 수 있습니다. 선 그리기는 수학의 기본으로 매우 중요하지요. 다음 문제를 볼까요?

그림34

【예】A는 가진 돈의 $\frac{1}{5}$로 책을 사고, 남은 돈의 $\frac{1}{3}$로 문구 세트를 샀습니다. 그랬더니 3200원이 남았습니다. 처음 가진 돈은 얼마였을까요?

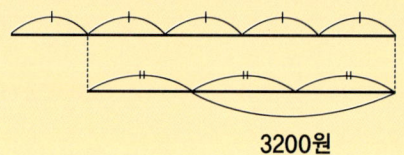

【선 그림】

별로 특이할 것 없는 쉬운 문제이지요? 그런데 의외로 풀이와 같이 선을 올바르게 그리지 못하는 아이가 많습니다. 종종 그림 35와 같은 실수를 합니다.

그중에서도 가장 많이 보이는 실수는 선을 (가)와 같이 그리는 것입니다. 선을 이렇게 그리는 아이는 칸을 똑같은 간격으로 나눠야 한다는 의식이 부족하고, 문제를 쉽게 풀기 위한 작업도 못 합니다. 그래서 자신이 그린 선을 보고도 문제를 어떻게 풀어야 할지 모를 때가 많습니다.

그런데 이보다 더 문제는 (나)와 (다)같이 선에 분수를 적는 경우입니다. 선을 그리는 이유는 비율(분수가 많다)로 제시된 양과 전체의 관계를 한눈에 알기 쉽도록 하기 위해서지요.

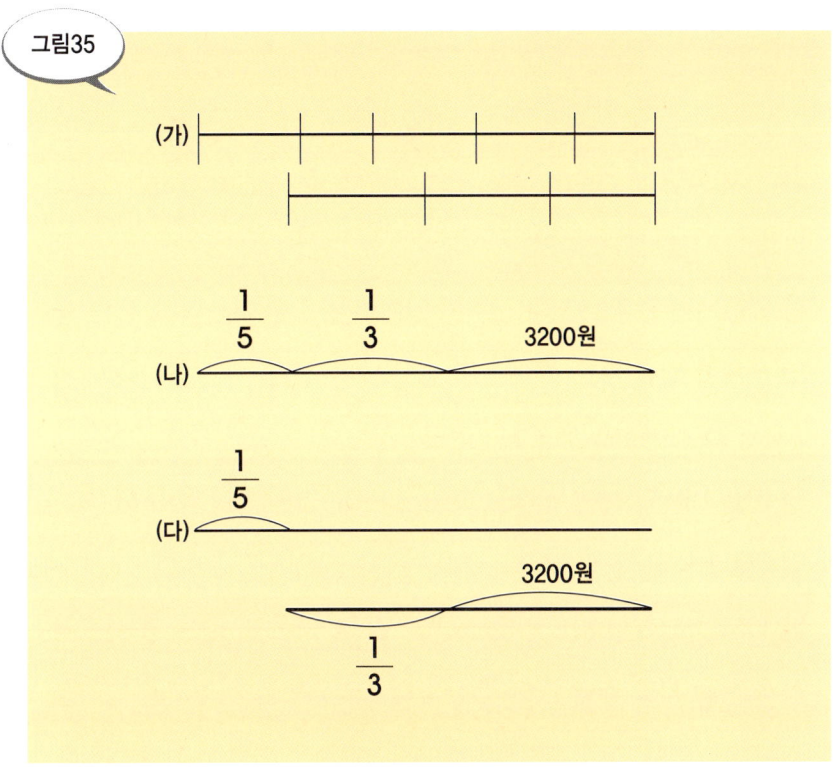

그림35

【잘못된 선 그리기의 예】

그런데 여기에 분수를 적어 버리면 애초에 선을 그리는 의미가 없어집니다. 따라서 당연히 정답률도 낮아지지요(왜 그렇게 하느냐고 물었더니 학원 선생님이 그렇게 한다고 대답한 아이가 있어 깜짝 놀란 적이 있습니다). 이러한 사례들을 봤을 때, '선을 올바르게 그리지 못하는 이유'는 크게 두 가지입니다.

첫 번째는 선을 올바르게 그려서 보여 주는 선생님이 없기 때문이며, 두 번째는 올바르게 그리려고 노력하지만 잘 그려지지 않기 때문입니다. 그렇다면 선을 잘 그리기 위해서는 어떻게 해야 할까요? 사실 방법은 아주 간단하답니다.

❶ 먼저 적당히 가로로 선을 긋습니다(이 선은 되도록 똑바로 그립니다. 물론 자를 써도 되지요).

❷ 다음에는 그림36처럼 간격이 일정하게 칸을 나눕니다. 어느 정도 오차가 있을 수도 있지만 그 정도는 무시해도 무방합니다(이 경우에는 일단 5등분을 합니다).

❸ 칸을 나누다 보면 실수할 때도 있는데, 그림37과 같이 두 가지 경우를 생각할 수 있습니다.

❹ 하지만 당황할 필요는 없습니다. 실패 사례1과 같은 경우는 남은 부분을 지워 주면 그만이고, 실패 사례2와 같은 경우는 모자란 부분을 이어서 그어 주면 해결됩니다. 이렇게 하면 누가 보더라도 이해하기 쉬운 선 그림이 완성되지요.

❺ 문제에 '남은 ○○을 ××하고' 와 같은 문장이 나오면 그림38과 같이 한 칸 아래에 선을 하나 더 그리고 위아래를 점선으로 이어 줍니다.

❻ 분할 수가 많을 때는 일일이 칸을 나누려고 하면 오히려 작업이 복잡해지므로 (오른쪽 페이지 그림38)과 같이 합니다. 이때도 분수를 선 위에 쓰지 않도록 주의하기 바랍니다. 또 위의 선과 아래의 선에 각기 다른 기호를 사용해서 구분이 쉽게 만드는 것도 좋은 방법입니다.

그림36

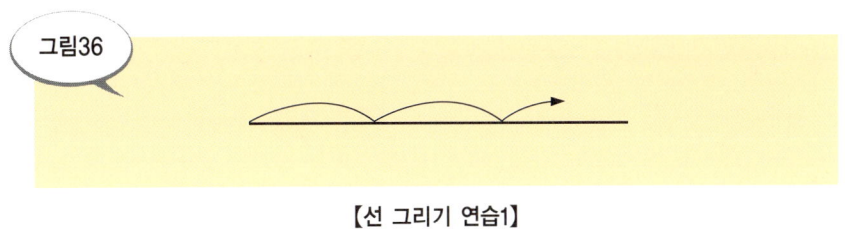

【선 그리기 연습1】

그림37

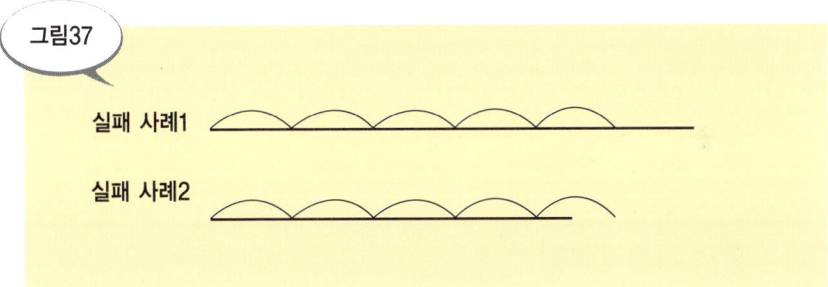

【선 그리기 연습2】

그림38

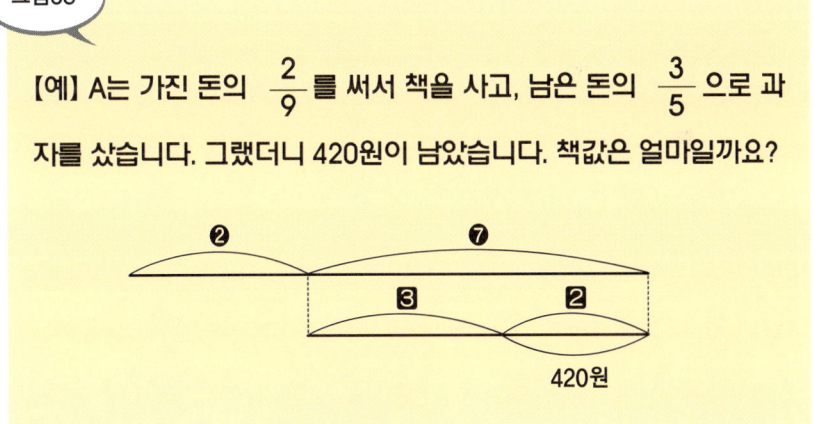

【분할 수가 많을 때의 선 그림】

일일이 칸을 나눌 것인지 아니면 그림38처럼 할 것인지는 각자의 취향 문제지만, 개인적으로는 여섯 칸 이상 나눠야 한다면 후자의 방식을 택하는 쪽이 효율적입니다.

선을 잘 그릴 수 있게 되면 문제를 대충 읽고 풀던 아이들도 점차 적극적으로 문제를 풀게 됩니다. 선을 올바로 그리면 반드시 정답을 맞히기 때문이지요.

물론 처음에는 잘 그리지 못할 때가 많지만, 계속해서 정성껏 그리면 실력이 향상될 것입니다.

5. 비율과 비의 중요성

수학이 약한 아이 대부분이 분수 계산에 서툴다고 할 수 있는데, 분수의 근본은 '비율'입니다.

수학에는 몇 가지 중요 단원이 있는데, '수를 다루는 단원(수의 성질과 규칙성 등)'과 '도형을 다루는 단원', '속도를 다루는 단원', '비율과 비를 다루는 단원', '사고력을 묻는 단원(경우의 수 등)'의 다섯 단원으로 크게 나눌 수 있습니다.

앞에서 나열한 다섯 가지 중요 단원은 어느 것 하나 소홀히 해서는 안 되는 것들이지만, 그중에서도 가장 기본으로서 주목해야 하는 단원이 '비율'입니다.

특히 전체에 대한 일부분의 비율을 파악하는 감각은 초기 수학 실력을 좌우한다고도 할 수 있습니다.

가령 아래와 같은 계산을 막힘없이 하지 못한다면 비율 때문에 어려움을 겪게 될 우려가 있습니다.

비율은 양과 양의 관계입니다.

이 예의 경우, '전체의 $\frac{3}{5}$은 남자' 혹은 '남자는 전체의 $\frac{3}{5}$' 입니다(5분의 3은 $\frac{3}{5}$이라고 표기합니다).

그림39

【예】 남자가 24명, 여자가 16명이 있습니다. 이때 전체에 대한 남자의 비율은

$$24 \div (24 + 16) = \frac{24}{40} = \frac{3}{5}$$

【비율】

대부분의 문장 문제에서는 문제 속에 나온 숫자를 구체적인 양으로 상상해 다른 양과 비교해서 문제를 푸는 작업에 들어갈 때가 많으며, 이 양과 양의 관계를 어떻게 파악하느냐에 따라 정답으로 향하는 길이 열린다고 할 수 있습니다.

또 이 '비율'에서 '비'를 연관지어 수량을 다룰 수 있게 되면 계산도 한층 편해지죠.

> 그림40

[예제1] 철수는 가진 돈의 $\frac{1}{4}$을 써서 밥을 사 먹은 다음 1500원을 주고 책을 샀습니다. 그러자 남은 돈은 처음 가지고 있던 돈의 $\frac{1}{3}$이 되었습니다. 철수는 처음에 얼마를 가지고 있었을까요?

[해답의 예1] 전체를 1이라고 하고 (전체에서 밥을 사먹은 돈 $\frac{1}{4}$과 남은 돈 $\frac{1}{3}$을 빼면 책을 산 1500원에 대한 값이 나옵니다.)

$$1 - \left(\frac{1}{4} + \frac{1}{3}\right) = \frac{5}{12}$$

…책값 1500원

그러므로 처음 가지고 있었던 돈은,

($\frac{5}{12}$가 책을 사고 지불한 1500원에 해당하는 값이므로 1500을 5로 나눈 값 300을 구하고 여기에 12를 곱하면 처음에 가지고 있던 돈의 액수가 나옵니다.

즉, $\frac{1500}{5} \times 12$ 인 셈입니다.)

이것을 식으로 간단히 정리하면

$$1500 \div \frac{5}{12} = 3600(원)$$

주 : 왜 여기에서 $\frac{5}{12}$로 나누는가 하면,

'1500원은 전체의 $\frac{5}{12}$' 이므로, 1500 = 전체 × $\frac{5}{12}$

라는 식이 성립하기 때문에, 여기에서 역산을 한 것입니다.

【비율과 비】

$\frac{1}{4}$, $\frac{1}{3}$ 이라는 분수가 나오기 때문에 덧셈을 할 때 최소 공배수를 구하는 작업을 해야 합니다.

어차피 그 작업을 해야 한다면 '전체를 1로 만드는' 것에 집착하지 말고 그림41처럼 풀어도 됩니다. 이렇게 하면 분수를 계산하기보다는 계산이 편해지지요.

> **그림41**

[해답의 예2]

전체를 4와 3의 최소 공배수를 사용해 ⑫라고 놓으면,

(12의 $\frac{1}{4}$ = 3이고, 12의 $\frac{1}{3}$ = 4가 됩니다.)

$\frac{1}{4}$ 은 ③, $\frac{1}{3}$ 은 ④이므로

⑫ − (③ + ④) = ⑤가 1500원이 되어,

① = 300원이므로,

⑫ = 300 × 12 = 3600(원)

(마치 12개의 조각에서 3조각과 4조각을 빼면 5조각이 남는 것과 같습니다. 그 5조각이 1500원을 뜻하므로 1조각은 300원이 되고 전체 12조각의 금액은 300 × 12 = 3600이 됩니다.)

1	4	v	1
2	v	v	2
3	v	v	3

(v 5개 = 1500원 이므로 v 1개는 300원,

전체는 모두 12칸이므로 300 × 12 = 3600원)

【최소 공배수를 이용하기】

이번에 살펴볼 【예제2】에서도 알 수 있듯이, 분수로 나타난 비율에서 전체의 양을 알아내야 할 때는 '비'를 이용하면 크게 도움이 됩니다. '비율'과 '비'는 밀접한 관계가 있고 '비'는 계산을 편하게 해 주기 때문에 '비'에 익숙해지는 것은 수학 실력 향상을 위해 빼놓을 수 없는 중요 포인트이지요. 그런데 비율은 나눗셈의 답입니다. '부분÷전체'라고 외우면 될 것입니다.

경우에 따라서는 부분이 클 때도 있지만, 그렇다고 해서 '비교되는 것을 비교하는 것으로 나눈다.'라고 교과서식으로 이해하려고 들면 더 어려워져 버립니다.

나눗셈의 답이니까 소수로 만들 수도 있지만, 나누어떨어지지 않을 때는 분수의 형태가 되므로 자연스럽게 분수 계산의 기회가 늘어납니다.

분수에 익숙해진다 → 비율에 강해진다 → 계산 실력이 향상된다는 상승 곡선이 가장 바람직합니다.

> 그림42

【예제2】 철수가 12시간 걸려서 하는 일을 영수는 16시간 걸려서 합니다. 이 일을 철수가 5시간 한 다음 영수가 이어서 한다면 몇 시간이 걸릴까요?

【해답의 예1】 일의 양을 1이라고 하면 1시간에 하는 일의 양은

철수가 $1 \div 12 = \dfrac{1}{12}$

영수가 $1 \div 16 = \dfrac{1}{16}$ 이 되며,

철수가 5시간 동안 일을 한 뒤에 남는 일의 양은,

$1 - \dfrac{1}{12} \times 5 = \dfrac{7}{12}$ 입니다.

따라서 이 일을 하는데 영수는,

$\dfrac{7}{12} \div \dfrac{1}{16} = 9\dfrac{1}{3}$ (시간) = 9시간 20분

이 걸리므로,

전체 시간은,

5시간 + 9시간 20분 = 14시간 20분

【비율과 비】

그림43

[해답의 예2] 일의 전체량을 12와 16의 최소 공배수에 따라 ㊽ 이라고 놓습니다. 그러면 1시간당 작업 능력은,

철수가 ㊽ ÷ 12 = ④,

영수는 ㊽ ÷ 16 = ③입니다.

철수가 5시간 동안 일한 다음에 남은 일의 양은,

㊽ − ④ × 5 = ㉘이므로, 이 일을 하는 데 영수는,

㉘ ÷ ③ = $9\frac{1}{3}$ 시간이 걸립니다(이하 생략).

【최소 공배수를 이용하기】

6. 도형에 강해지는 법

도형도 아주 중요한 단원입니다. 평면 도형과 입체 도형 모두 시험에 자주 출제되므로 소홀히 해서는 안 되겠지요. 중학교에 들어가면 더 많은 도형을 배우게 되는데, 미리 기초를 충분히 다지지 못하면 진도를 따라가기 힘들게 됩니다. 또 도형에 약한 아이는 좌표 평면을 이용하는 함수 분야에서도 어려움을 겪습니다.

도형에 강해지려면 먼저 도형을 올바르게 그릴 줄 알아야 합니다. 길이까지 정확하게 재면서 그릴 필요까지야 없지만, 정사각형을 직사각형처럼, 직사각형을 정사각형처럼 보이게 그린다면 문제를 풀 수가 없겠죠?

평소에 도형을 대충 그리는 아이는 그림44에 나오는 '3대4대 5' 직각 삼각형과 '30도60도' 직각 삼각형을 제대로 구별하지 못하는 경우가 많습니다. 3대4대5 직각 삼각형은 비교적 난이도가 높은 도형으로, '닮은꼴' 단원에서도 자주 등장한답니다.

한편 정삼각형을 이등분한 형태인 30도60도 직각 삼각형은 가장 긴 변(빗변)의 길이가 가장 짧은 변의 길이의 두 배가 된다는 특성 때문에 폭넓게 이용되지요.

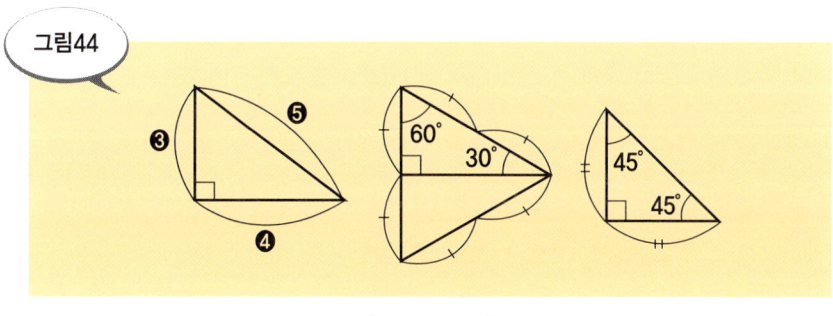

【직각 삼각형】

가령 66페이지 그림45의 오른쪽 삼각형 ABC의 넓이를 구하는 문제를 생각해 볼까요?

왼쪽과 같이 꼭짓점 A에서 변 BC 위로 수직선을 긋고 둘이 만나는 점을 D라고 하면 이 삼각형은 밑변이 BC이고 높이가 AD가 되지요.

이렇게 하면 삼각형 ABD가 정삼각형을 이등분한 형태의 30도

60도 직각 삼각형이 되므로 AD = 3센티미터입니다. 따라서 넓이는 6 × 3 ÷ 2 = 9제곱센티미터가 되지요.

'3대4대5' 직각 삼각형과 '30도60도' 직각 삼각형을 절대로 혼동하지 않아야 합니다.

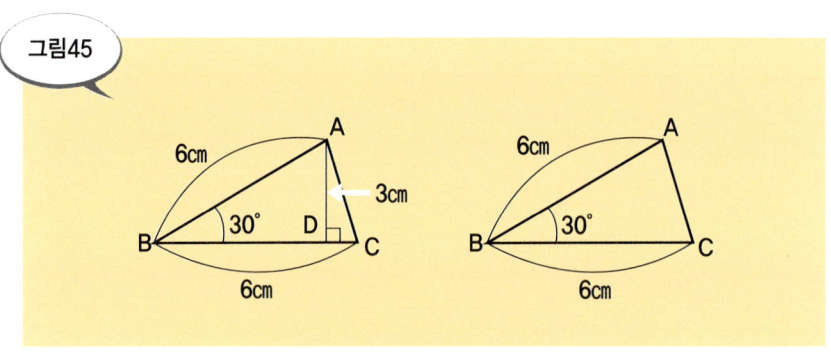

【직각 삼각형의 넓이를 구한다】

또 직각 이등변 삼각형도 반드시 알아 둬야 합니다. 삼각자 세트를 사면 직각 삼각형 모양의 삼각자 말고 삼각자가 하나 더 들어 있지요?

그 삼각자의 모양이 바로 직각 이등변 삼각형입니다.

도형을 그리는 데 서툰 아이를 보면 이 삼각자 세트를 안 가지고 다니는 경우가 더러 있더군요.

이 두 삼각자를 이용해 그림46처럼 평행선을 한번 그려 보세요. 의외로 이런 간단한 사용법도 모르는 아이가 많을지도 모릅니다.

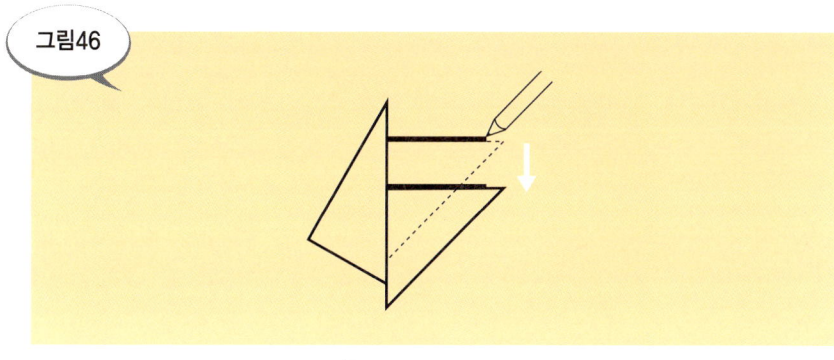

【평행선을 긋는 법】

    도형에 약한 아이는 도형 문제를 풀 때 대부분 도형 안에 의미도 없는 선을 긋거나 제시된 도형 위에 자꾸 덧칠합니다. 그래서 문제 그림이 쓸데없이 지저분해지지요.

    문제를 풀 때는 먼저 그림을 자세히 살펴보고 그림 속에 들어있는 실마리를 발견해야 하는데, 뭐라도 해야겠다는 마음에 의미 없는 행동을 하다 보니 정작 중요한 문제 그림이 지저분해지는 것입니다.

    그렇다면 원인은 무엇일까요?

    아무래도 도형 감각이 떨어지고 연습이 부족해서가 아닐까 싶습니다.

    먼저 올바른 자 사용법과 각도와 길이의 관계 등 기본적인 지식부터 차근차근 시작해 보면 어떨까요?

    평면 도형 중에서는 원에 관한 문제가 가장 난이도가 높습니다. 동그라미를 정확히 그리는 것은 어른들도 쉽지 않지요.

평면 도형과 마찬가지로 입체 도형을 그릴 때도 정확하게 그리는 것이 중요하답니다.

먼저 정육면체를 정확히 그리는 연습을 해 보세요. 도형을 제대로 그리지 못하면 원래는 이어져 있지 않은 선인데 이어져 있는 것처럼 보이거나 평면인데 곡면처럼 보여서 문제를 푸는 데 지장을 줄 수 있습니다.

주사위를 몇 개 쌓아 놓고 보이지 않는 면의 눈이 무엇인지 생각하는 것도 좋은 연습이 됩니다.

7. 식을 쓸 때 주의할 점

문제를 풀 때 식을 쓰지 않는 아이가 있습니다. 하지만 이것은 두 가지 이유가 있기 때문에 반드시 고쳐야 하는 버릇입니다.

첫 번째는 시험에서는 식을 쓰지 않으면 점수를 주지 않는 경우가 많이 있습니다.

어떻게 풀었는지 자신의 생각을 쓰려고 하지 않는 '대충주의'를 싫어하는 학교가 있어서이기도 하고, '커닝'일지도 모른다는 생각 때문이기도 하지요.

또 두 번째는 머릿속에서 생각하는 것만으로는 도저히 풀 수 없는 어려운 문제는 처음에 몇 가지 계산을 해서 문제를 풀기 위한 조건을 만들어야 하기 때문입니다. 평소에 식을 쓰는 습관을 들이지 않은 아이가 응용 문제를 거의 풀지 못하는 이유가 바로 이 때문이지요.

몇 가지 계산을 하고 그 결과에 주석을 달다 보면 무엇인가 깨닫게 되어 문제가 풀리는 일이 종종 있습니다.

문제를 푸는 작업은 그림이나 수치를 써 나가는 것입니다. 그리고 식을 씀으로써 그것을 실행할 수 있지요.

머리가 좋은 아이는 머릿속에서 계산을 해 버리는 일이 많아서 정답은 맞혔지만 식을 쓰지 않을 때가 있습니다.

식을 쓰기가 귀찮은 줄은 잘 알겠지만, 시험을 생각해서라도, 더 난이도가 높은 문제를 생각해서라도 식을 쓰는 습관을 들이도록 해야 합니다.

그런데 이 식을 쓰는 방법에는 몇 가지 주의해야 할 점이 있습니다.

■ **식이나 조건을 쓰는 위치에 주의한다**

문제 용지와 문제, 해답 칸이 70페이지 그림47처럼 되어 있다고 가정해 보겠습니다. 식이나 조건을 B의 위치부터 쓰는 아이들이 있는데, 그러면 금방 공간이 모자라게 되어 숫자가 작아지거나 잘못 쓰게 되는 경우가 생깁니다. 반드시 A의 위치부터 적기 시작하도록 합시다. 또 풀이 과정은 해답 칸에서 쓰지 말고 해답 칸 바깥의 C와 같은 위치에서 씁니다. 그러면 풀이 과정을 굳이 지울 필요도 없습니다.

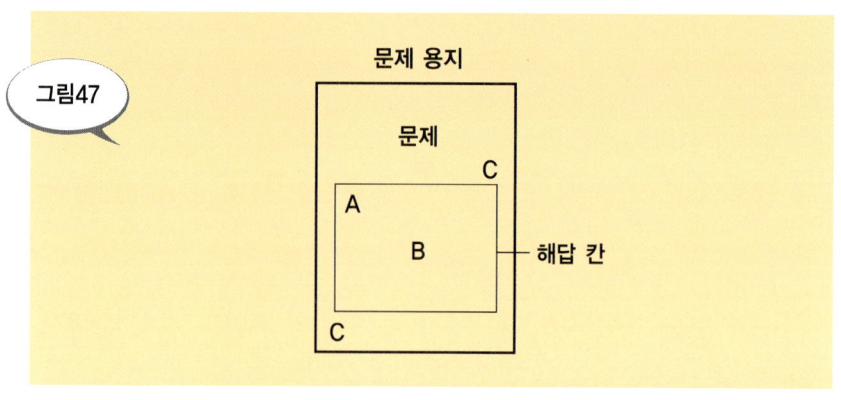

【식을 쓰는 위치】

■ 식의 마지막에는 단위나 숫자의 의미를 적는다

그림48처럼 계산을 해서 나온 값의 의미를 적어 놓으면 그것을 보면서 문제 풀이를 진행하기가 쉬워집니다. 이 요령은 문제가 길 때 특히 효과가 있습니다. 귀찮다고 생각하지 말고 꼭 해두도록 합시다.

그림48

$$9000 \div 60 = 150 \text{(m/분)} \cdots \text{철수의 속도}$$
$$12 \times 2.5 = 30 \text{(km)} \cdots \text{AB 사이의 거리}$$

【단위나 숫자의 의미를 적는다】

■ **답이 나왔다고 생각하면 그것을 금방 해답 칸에 쓰지 말고 한 번 더 문제를 읽고 무엇을 답해야 하는 것인지 확인한다**

이것은 착각으로 점수를 깎이는 것을 방지하기 위함입니다. 시험에서는 1, 2점 차이로 등수가 결정되는 일이 흔하므로 기껏 제대로 풀어 놓고서 점수를 받지 못하는 일이 있어서는 절대로 안 됩니다. 문제를 빠르게 푸는 아이보다 속도는 늦어도 꼼꼼하게 푸는 아이가 시험에 강한 이유는 실수가 적기 때문입니다.

8. 공부는 올바른 자세로

어떤 학년이든 상위반과 하위반 학생들의 수업 모습을 비교해 보면 확연히 드러나는 것이 있습니다. 바로 자세의 차이입니다. 제 경험으로는 특별한 이유가 없는 한 허리를 곧게 펴고 앉지 않는 아이 중에 성적이 좋은 아이는 없습니다. 또 성적이 나쁜 아이는 똑바로 앞을 향해 앉지 않기 때문에 설명을 제대로 듣지 않을 때가 많으며 주의력도 산만합니다. 수업 중에 칠판에 쓴 내용을 손가락으로 가리키면서 "~란다. 알겠니?"라고 말하며 학생들 쪽을 돌아볼 때 눈이 마주치는 아이는 자세가 바르고 설명을 열심히 듣는 아이입니다. 그런 아이는 당연히 성적도 좋지요.

글씨를 쓸 때(오른손잡이일 경우에) 왼손을 책상 아래로 내려놓은 채 오른손으로 종이나 공책을 누르면서 연필로 글씨를 쓰는 경우도 많이 보입니다. 이것은 공부에 마음이 없다는 증거로, 당연히 공책 필기가 지저분하며 그저 칠판에 적힌 내용을 옮겨 적고 돌아가는 결과가 되어 버립니다. 그런 아이들은 자신이 필기한 내용의 의미를 거의 이해하지 못할 때가 많습니다.

가끔 이런 이야기를 합니다.

"사람의 신경 중에 가장 굵은 신경이 두 개 있는데, 등뼈 옆을 따라서 위로 올라가다가 목 주위에서 교차해 뇌로 이어진단다. 이것이 휘어지면 두뇌 회전이 잘 안 될 것 같지 않니?"

이 이야기를 하면 아이들은 금방 자세를 바로잡습니다. 그러면 전 웃으며 이렇게 말하지요.

"운동을 할 때, 나쁜 폼으로는 좋은 경기를 할 수 없지? 공부도 마찬가지야. 진지하게 하려고 하면 자연히 자세도 좋아지고 결과도 좋아지는 법이란다. 자주 주의를 줄 테니까 너희들도 고치도록 노력해 보렴."

그리고 몇 번 주의를 주다 보면(큰소리로 화를 내면 오히려 역효과!) 아이들은 점차 자세를 바로잡고 수업에 집중하게 됩니다.

제2장

계산 능력을 향상시키자

수학에는 네 가지 힘, 즉 '계산 능력'과 '암기력', '사고력', '직감력'이 있다고 앞에서도 말했었습니다. 먼저 계산 능력을 향상시키려면 어떻게 해야 할까요?

계산은 수학의 기본입니다. 계산을 안 하고 해답을 찾아내기는 불가능하지요. 계산은 못하지만 수학은 잘하는 아이는 당연히 있을 수 없습니다. 문제를 풀 때 계산이 빠를수록 좋은 것은 사실입니다. 하지만 이 때문에 '계산 실수'가 일어나기 쉽지요. 빨리 하려고 서둘다가 숫자를 잘못 쓰거나 계산 자체를 틀리기도 합니다.

시험에서 점수가 깎이는 경우를 살펴보면, 정답률이 낮은 어려운 문제도 있지만 문제를 풀지 못하는 경우보다는 계산 실수 때문에 점수가 깎이는 경우가 실제로 매우 많습니다.

'조금만 주의했으면 10점은 더 받았을 텐데…….'라고 후회한 경험은 누구에게나 있을 것입니다. 그러니 어떻게든 계산 실력을 향상시키고 계산 실수를 줄이도록 노력해야 겠지요.

사실 저도 어릴 때는 그랬습니다만, '문제는 풀었다. 모르는 문제는 아닌데 다만 실수를 했을 뿐' 임을 강조하며 상황을 넘기려는 버릇이 있었습니다. 하지만 가르치는 입장에서 보면 어쨌거나 틀린 것은 틀린 것입니다.

문제 자체를 이해 못한 아이와 똑같이 취급할 수밖에 없습니다. 식까지 쓰는 시험이었다면 부분 점수는 받을 수 있을지도 모르지요.

하지만 계산 실수 때문에 감점된 1, 2점이 등수를 좌우하기도 합니다. 1점이 부족해서 눈물을 흘린 아이도 보았습니다. 계산 실수일 뿐이라고 우습게 생각해서는 절대 안됩니다.

꽤 오래전 이야기인데, 입시철 직전에 학생들을 모아 조금 번거로운 계산 문제만 100개를 모아 시험을 본 적이 있습니다.

그랬더니 예상대로 평소에 성적이 상위권이었던 아이일수록 점수가 높다는 결과가 나왔습니다. 이것을 바탕으로 생각해 보면, '사고력'은 있지만 '계산능력'은 없는 경우는 거의 없다고 할 수 있습니다.

수에 친숙해져서 빠르고 정확하게 계산하는 것이 수학의 기본이라는 뜻이지요.

또 허둥지둥 계산을 하는 것은 좋지 않지만, 계산이 빠른 아이가 느린 아이보다 정답률이 높은 경향도 엿보였습니다.

그렇다면 어떻게 해야 '계산능력'이 몸에 배도록 할 수 있을까요?

1. 매일 다섯 문제부터 시작하자

계산 연습은 반드시 매일 해야 합니다. 하지만 문제 수가 많으면 금방 지겨워져서 오래 계속하지 못하지요. 또 문제도 적절한 수준의 것을 골라야 합니다.

너무 간단해도 곤란하지만, 그렇다고 복잡한 계산만 자꾸 하면 수학이 싫어져서 금방 포기하게 됩니다. 제목에는 매일 다섯 문제라고 썼지만, 계산 문제의 내용에 따라서는 조금 늘리거나 줄여도 괜찮습니다.

채점은 본인이 해도 상관없으나 결과만큼은 꼭 부모님께 확인해 달라고 해야 합니다.

본인이 채점하는 경우에는 답을 맞혔는지 틀렸는지만 확인할 뿐 왜 틀렸는지 확인해 보려 하지 않는 경우가 많습니다.

어떤 실수를 했는지, 어떻게 풀어야 하는지 확인하지 않으면 같은 실수를 반복하게 되지요. 이래서는 문제를 푸는 의미가 없습니다.

2. 풀이 과정을 확인한다

76페이지의 그림49처럼 풀이 과정을 썼는지 확인해 보십시오.

(가)의 경우는 원래 자릿수가 적은 수를 아래에 놓은 것이 올바른 방법입니다. 그런데 왜 (가)처럼 계산을 할까요? 그렇게 하면

(한 자릿수)×(한 자릿수) 계산만 하면 되니까 편하게 느끼기 때문입니다. 하지만 이렇게 계산하면 자릿수가 어긋나서 나중에 계산 실수를 하기 쉽다는 단점이 있습니다.

계산 능력이 생기면 9를 아래로 내려서 곱셈 한 번으로 끝내는 편이 정확하고 빠릅니다. 혹시 본인이 (가)와 같이 계산한다면 빨리 고쳐야 합니다. 또 (나)의 경우는 '0'을 곱해도 의미가 없으니까 '0'은 제외하고 자릿수를 맞춰서 계산하는 올바른 방법을 습득해야 합니다.

> 그림49

```
(가)        9          (나)         65
    ×  2 3 5                ×  1 2 0 0
    ─────────              ─────────────
            4 5                      0 0
          2 7                      0 0
        1 8                      1 3 0
                                 6 5
```

【올바르지 못한 풀이 과정】

3. 숫자는 깔끔하고 알아보기 쉽도록 조금 크게 쓴다

계산을 빨리 끝내려고 해서인지 숫자를 마구 흘려 쓰며 계산을 하는 아이가 있습니다. 그런데 글자를 흘려 쓰면 숫자를 잘못 쓰거나 단위를 틀리는 원인이 될 수 있습니다. 또 '1'과 '7', '4'와 '6', '0'과 '6' 등이 잘 구별되지 않게 쓰는 아이도 있습니다. 그러다 보면 자신이 쓴 글자도 잘못 읽는 실수를 하곤 하지요. 풀이 과정을 적을 때는 글씨를 또박또박 깔끔하게 쓰도록 연습해야 합니다.

숫자가 너무 작아도 실수의 원인이 됩니다. 숫자를 크게 쓰는 아이와 작게 쓰는 아이를 비교해 보면 조금은 지저분해도 크게 숫자를 쓰는 아이가 계산을 더 정확하게 합니다. 하지만 '빠르지만 지저분한 글씨' 보다 '느리지만 깔끔한 글씨'를 쓰는 아이가 계산이 정확합니다.

본인이 어떻게 숫자를 쓰는지 확인해 보는 건 어떨까요?

글씨가 지저분해지는 데는 몇 가지 원인이 있습니다. 그중 하나가 바로 '시험' 입니다.

시험은 시간과의 싸움입니다. 계속해서 시험을 보다 보니 쫓기듯이 문제를 풀게 되어 날림 글씨로 계산을 하게 되는 것이지요. 사실 자연스러운 현상입니다.

하지만 아이들을 유형별로 살펴보면 '항상 빨리 문제를 푸는 아이' 보다 '느려도 정성껏 푸는 아이' 가 성적이 높습니다.

복잡한 주관식 문제가 6번까지 있는 시험 문제를 단번에 마지막까지 풀어 버린 아이보다 4번까지밖에 풀지 못한 아이가 성적이 좋을 때도 많습니다.

  할 수 있는 데까지 정성껏 문제를 푸는 습관을 들여야 합니다. 그러면 성적이 크게 올라갈 것입니다.

4. 풀이 과정을 적은 것을 지우지 않는다

  계산 실수를 했을 때 어디에서 실수를 했는지 재검토하기 위해 풀이 과정을 쓴 것은 지우지 말고 남겨 두는 것이 좋습니다. 그리고 스스로 확인하는 습관을 들여야 합니다.

  일부 아이들은 풀이 과정을 적은 흔적을 지저분하다고 느끼는 경우가 많아서, 한쪽 구석에 작게 적은 후 문제를 풀면 지워 버리곤 합니다.

  하지만 이런 습관은 계산 실수를 하기 쉬울 뿐만 아니라 나중에 검산을 할 수도 없어 이중으로 손해를 보게 됩니다.

  이를 예방하기 위해서는 공책에 처음부터 풀이 과정을 적을 공간을 만들어 놓는 것도 좋은 방법입니다.

  제가 있었던 학원에서는 공책을 그림50처럼 세 공간으로 나누게 했습니다. A에는 문제와 자신의 식이나 답을 씁니다. B에는 식의 해설이나 해답을 씁니다. 그리고 C가 풀이 과정을 적을 공간입니다.

  한 페이지에 한 문제밖에 못 적으므로 공백 부분이 낭비인 것처럼 생각될지도 모르지만, 공책을 넓게 쓰는 만큼 실수가 줄어들지요. 또 자신의 생각이나 답, 풀이식, 식의 해석과 해답 등이 고스란히 남기 때문에 복습을 하기도 효과적입니다.

물론 이것은 단순히 하나의 예일 뿐이며, 중요한 점은 풀이 과정을 적을 공간을 처음부터 마련해 놓는 것입니다.

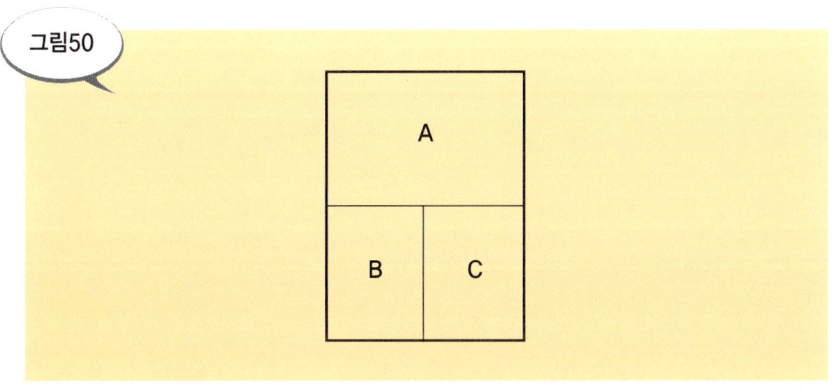

【공책 활용법】

5. 암산 훈련을 한다

암산은 '구구단'이면 충분하고 나머지는 전부 써서 계산하면 된다고 생각하는 아이가 많습니다. 하지만 단순한 계산은 되도록 암산을 하는 것이 좋습니다.

가령 5~6학년이 되어서도 80페이지의 그림51과 같은 계산을 일일이 써 가면서 푸는 아이가 있는데, 그래서는 계산 실력이 향상되지 않습니다.

머릿속에서 숫자를 처리하는 훈련도 중요하지요. 흔히 인도인은 수학 능력이 뛰어나다고들 하는데, 이는 어렸을 때부터 암산 훈련을 하기 때문이라고 생각합니다.

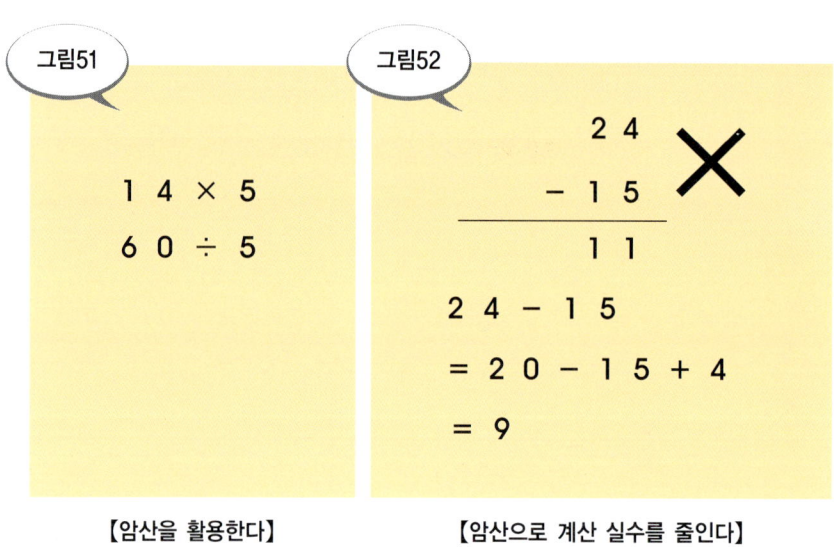

【암산을 활용한다】   【암산으로 계산 실수를 줄인다】

또한 암산을 하면 풀이 과정을 쓰다가 생길 수 있는 실수가 줄어든답니다. 예를 들어 저학년들은 그림52의 위와 같은 계산 실수를 종종 하지요.

이것을 아래처럼 암산으로 계산할 수 있게 되면 계산 실력이 비약적으로 향상되고 실수도 줄어들 것입니다.

그리고 다른 효과도 있습니다. 암산 실력이 늘어나면 문제를 읽을 때 문제 속의 숫자에서 문제를 푸는 힌트가 되는 다른 숫자가 떠오르기도 하고, 혹은 정답의 범위가 대충 짐작이 되기 때문에 자신이 계산한 답이 그 범위에서 벗어나면 '어?' 하고 의문을 느껴 다시 확인하게 됩니다.

특히 '두 자리×한 자리'나 '두 자리÷한 자리'의 암산 연습은 매우 중요합니다. 그림53과 같은 계산을 암산으로 처리하는 훈련을 하기 바랍니다. 그러면 계산 능력이 상당히 향상될 것입니다.

그림53

$39 \times 2 =$ $16 \times 5 =$ $24 \times 3 =$

$25 \times 6 =$ $90 \div 5 =$ $55 \div 5 =$

$84 \div 7 =$ $96 \div 6 =$

【암산 훈련】

6. 식은 되도록 하나로 정리한다

82페이지의 그림54와 같은 문제가 있습니다. 이 문제를 풀 때 (가)와 같이 1세제곱센티미터당의 무게를 구하려 하면 나누어떨어지지가 않아서 손이 멈추게 됩니다.

몇몇 아이들은 여기에서 문제 풀기를 포기해 버리기도 하지요. 이럴 때는 (나)처럼 식을 한꺼번에 써서 분수로 만들어 버리면 간단히 계산할 수 있답니다.

> 그림54

【예】 24cm³가 100g인 물체는 60cm³일 때 몇 g이 될까요?

(가) 100 ÷ 24 ⋯ ✗

(나) 100 ÷ 24 × 60 = 100 × $\frac{60}{24}$

【식은 되도록 하나로 정리한다】

식을 하나로 만드는 데는 요령이 필요합니다. 수학이 약한 아이는 식을 하나하나 분해해서 쓰는 경우가 많은데, 이는 수학 실력이 향상되지 않는 원인 중 하나가 됩니다. 그림55처럼 원주율을 사용하는 계산도 마찬가지지만, 식을 되도록 하나로 정리하면 계산이 편해집니다. 때문에 빠르고 정확하게 계산을 할 수 있지요. 처음에는 어색하겠지만, 익숙해질 때까지 꾹 참고 식을 하나로 정리하는 연습을 해야 합니다.

> 그림55

$6 × 6 × 3.14 + 8 × 8 × 3.14$
$= (6 × 6 + 8 × 8) × 3.14$
$= 100 × 3.14 = 314$

【원주율을 이용한다】

7. 계산 실수에 대해

계산 실수는 늘 따라다니기 마련입니다. 금방은 고쳐지지 않습니다. 하지만 가능하다면 고쳐야 하겠지요.

가장 실수가 많은 부분은 답을 구하는 마지막 식의 계산입니다. '이것만 계산하면 끝이야!' 라고 생각하는 순간 계산 속도가 빨라지기 때문이지요. 이런 실수를 방지하려면 답을 구하는 마지막 계산은 천천히 해야 합니다. '정말 이렇게 하는 게 맞을까?' 라고 생각하면서 차분하게 마지막 계산을 하면 실수도 줄어들 것입니다.

그러면 그 전에는 계산 실수를 하지 않을까요? 물론 마지막 식이 아니라 그 이전에 계산 실수를 할 때도 있습니다. 단순한 계산 실수를 할 수도 있고, 문제에 나온 숫자나 자신이 쓴 숫자를 잘못 읽어서 틀리기도 하지요.

하지만 이렇게 문제를 푸는 도중에 일어나는 실수 중 일부는 계산을 해서 나온 숫자가 이상하다고 깨달으면 다시 검토해 볼 수도 있고, 전체적으로 봐도 마지막 계산에서 하는 실수보다는 적은 편입니다.

성적이 뛰어나지 않은 아이들을 보면 대부분 검산을 하지 않는답니다. 일단 계산이 끝나면 설령 공백 부분이 있어도 문제 용지나 해답 용지를 획 뒤집어 놓고는 '아~, 끝났다.' 라는 표정을 짓지요. 하지만 이래서는 성적이 오를 리가 없습니다. 한 문제라도 좋으니까 검토하는 습관을 들이도록 노력하기 바랍니다.

8. 계산하기 편하게 만든다

계산 방법에 대해서 그림56과 같은 예가 많이 언급됩니다.

❶ ~ ❸은 꼭 익혀 둬야 할 방법이지만, ❹는 수준 높은 내용이기 때문에 익히는 데 시간이 걸립니다.

그림56

❶ $12 + 5 + 8 + 15 \rightarrow (12 + 8) + (5 + 15)$

❷ $4 \times 1.2 + 16 \times 1.2 \rightarrow (4 + 16) \times 1.2 = 20 \times 1.2$

❸ $25 \times 7 \times 4 \rightarrow 25 \times 4 \times 7 = 100 \times 7$

❹ $\dfrac{1}{2} + \dfrac{1}{6} + \dfrac{1}{12} = \dfrac{1}{1 \times 2} + \dfrac{1}{2 \times 3} + \dfrac{1}{3 \times 4}$

$= \dfrac{1}{1} - \dfrac{1}{2} + \dfrac{1}{2} - \dfrac{1}{3} + \dfrac{1}{3} - \dfrac{1}{4}$

【계산을 편하게 만드는 방법1】

■덧셈과 뺄셈이 연속되는 계산에서는 뺄셈을 앞으로, 곱셈과 나눗셈이 연속되는 계산에서는 나눗셈을 앞으로 놓으면 계산이 편해질 때가 많습니다.

그림57의 ❷는 삼각형의 넓이를 구하는 식 등에 자주 나오는 형태로, 특히 ÷2의 앞에 홀수가 있으면 반드시 나눗셈을 앞으로 놓는 것이 현명한 방법입니다. 또 분수의 곱셈을 익혔을 때는 ÷2를 $\times \frac{1}{2}$ 라고 쓰면 자연스럽게 약분을 하게 되어 결과적으로 ÷2를 먼저 계산하는 셈이 되므로 계산이 빨라지지요. 이 두 가지 예에서 공통되는 점이 있는데, 혹시 무엇인지 아나요? 바로 숫자를 작게 만드는 계산을 먼저 하는 편이 편하다는 것이랍니다.

그림57

❶ 35 + 28 − 21 + 19 − 32
 = (28 − 21) + (35 − 32) + 19
 = 7 + 3 + 19 = 29

❷ 36 × 5 ÷ 2
 = 36 ÷ 2 × 5
 = 18 × 5 = 90

【계산을 편하게 만드는 방법2】

여담인데, 곱셈과 나눗셈이 연속되는 계산에서는 곱셈을 먼저 하면 안 될 때가 있답니다. 86페이지의 그림58과 같은 경우에 곱셈을 먼저 해 버리면 1이 되어 버리지요.

그밖에도 기억해 두면 편리한 계산이 있습니다. 특히 그림59 같은 계산은 도움이 되지요. '두 자릿수 곱셈', '10단위가 같은 수', '1단위의 합이 10'이라는 조건일 경우, (10단위의 수)×(10단위의 수 + 1)에다가 1단위의 곱을 이어서 붙여 주면 쉽게 계산할 수 있답니다. 예를 들어 35 × 35의 답은 1225인데, 3 × (3 + 1) = 3 × 4 = 12와 5 × 5 = 25를 이어 주면 1225가 되지요.

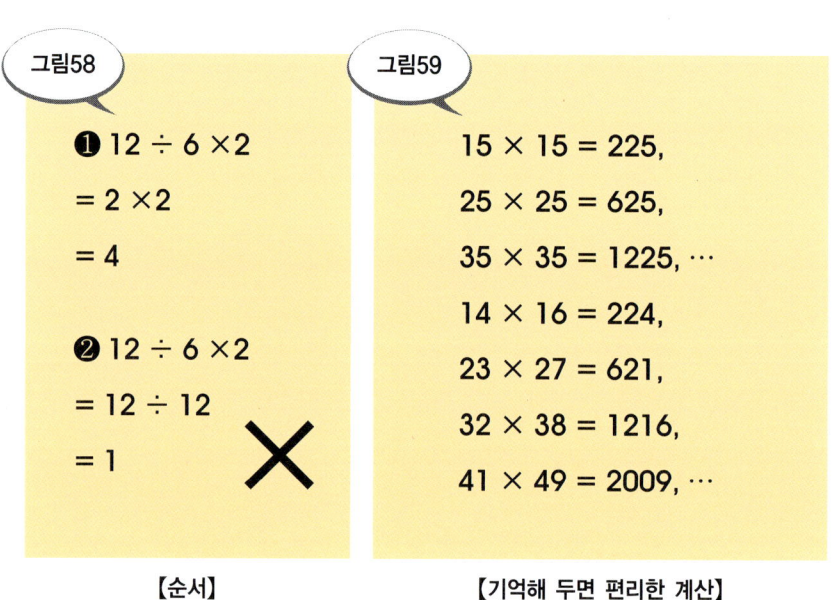

【순서】   【기억해 두면 편리한 계산】

9. 분수를 소수로, 소수를 분수로 바꾼다

계산을 하다 보면 그림60과 같이 분수를 이용할 때가 훨씬 편한 경우가 있습니다. ×0.5와 같은 계산을 ÷2라고 바꿔 쓸 수 있으면 편하고 빠르게, 그리고 정확하게 답을 맞힐 수 있지요. 이것이 가능해지면 그림60의 아래와 같은 계산도 암산으로 해결할 수 있게 됩니다.

분수와 소수를 바꿔 쓰는 데 익숙해지려면 그림61처럼 순서대로 외워 나가는 것이 좋습니다.

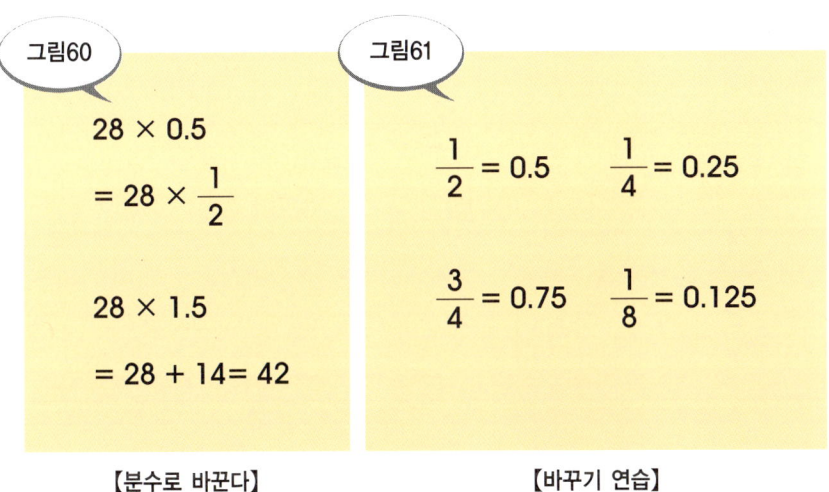

【분수로 바꾼다】　　　　　　　【바꾸기 연습】

10. 약분을 할 때 주의할 점

주로 분수를 세 개 이상 곱할 때 자주 발생하는데, 약분을 할 때 저지르는 실수에는 크게 두 가지 유형이 있습니다.

【예1】 먼저 88페이지의 그림62와 같이 약분을 한다고 가정해 보지요. 이때 25를 5로 약분한 뒤의 숫자인 5(화살표)를 그림처럼 조금 위에 써 버리면 그 다음에 그림62의 아래처럼 이 5로 분모인 10을 약분해 버리는 실수를 저지를 수 있습니다. 그러면 결국 분자 8과 분모 2가 남아 8÷2=4라는 엉뚱한 계산이 되어 버리지요.

【예2】 약분은 제대로 했지만 답이 맞지 않는 실수도 있습니다. 그 원인은 약분을 하면서 숫자를 중구난방으로 쓰는 바람에 마지막 계산을 할 때 빼먹는 숫자가 생기기 때문이지요. 그림63과 같은 경우는 3을 약분한 1과 25 사이에 써 있는 5(화살표)가 잘 보이지 않아 원래는 $\frac{4}{5 \times 5}$가 되어야 하는데 $\frac{4}{5}$로 계산하는 실수를 저지를 수 있습니다.

이런 실수를 방지하는 방법으로는 그 아래와 같이 약분한 뒤의 숫자에 동그라미를 쳐 놓는 것이 효과적입니다.

어쨌든, 분수는 정성껏 또박또박 쓰는 것이 중요합니다. 공책의 칸이 좁은데 분수를 억지로 한 줄 안에 써 넣으려고 하면 계산 실수를 저지르기 쉽지요. 그럴 때는 넉넉하게 두 칸을 이용하거나 칸이 넓은 공책을 쓰는 것이 좋습니다.

【약분을 할 때의 실수1(수식)】   **【약분을 할 때의 실수2(수식)】**

11. 마지막까지 약분을 하지 않는 편이 좋을 때도 있다

약분을 하다가 분모가 '5 × 2'가 되었다면 그 이상은 약분을 하지 않는 편이 더 계산하기 편하답니다.

그림64를 보길 바랍니다.

분자인 14와 분모인 2가 아직 약분이 안 됐지요? 하지만 이대로 약분을 계속하면 그 아래와 같이 식이 복잡해져 버리지요. 분모가 '5 × 2'가 되었다면 그 단계에서 멈추는 것이 현명한 방법입니다.

즉, 분자는 14 × 9 = 126이니까 이것을 10으로 나누면 12.6이 나오지요. 여기에서 분수를 더 곱하거나 나누는 것이 아닌 이상은 이렇게 해서 답을 구하는 방법도 있습니다. 도움이 될 때가 많으니 기억해 두기 바랍니다.

그림64

$$\frac{\overset{1}{\cancel{4}}}{5} \times \frac{14}{\underset{1}{\cancel{3}}} \times \frac{\overset{9}{\cancel{27}}}{\underset{2}{\cancel{8}}}$$

$$= \frac{7 \times 9}{5} = \frac{63}{5} = 12\frac{3}{5}$$

$$(= 63 \div 5 = 12.6)$$

【이 이상 약분하지 않는다 (수식)】

12. 분수에 익숙해진다

앞에서도 말했지만, 계산이 서툰 아이들에게 공통되는 점이 '분수에 약하다.' 라는 것입니다.

분수를 잘 이용하면 계산이 편해지는 예를 몇 가지 보여 줬는데, 분수가 서툴면 당연히 그런 방법도 사용하지 못하게 되고 계산 실력도 향상되지 못합니다. 매일 계산 연습을 할 때 분수 계산 문제도 넣어서 풀어 보기 바랍니다.

분수에 익숙해지면 문제를 푸는 도중에 수가 나누어떨어지지 않더라도 분수로 바꿔서 간단히 처리할 수 있게 됩니다.

그림65가 바로 그런 예이지요.

처음에 시속을 구하려고 20 ÷ 3을 하면 나누어떨어지지 않아 계산이 곤란해집니다.

이럴 때는 나눗셈을 전부 분수로 나타내면 계산하기가 편해지지요. 이런 훈련을 반복하면 자연스럽게 분수에 익숙해지고 계산 능력도 향상됩니다.

또 나누어떨어지는 분수와 나누어떨어지지 않는 분수를 금방 구별할 수 있게 되면 분수와 소수를 변환하는 속도도 빨라지며 이 또한 계산 능력의 향상으로 이어진답니다.

> 그림65

【예】 3시간에 20킬로미터를 가는 속도로 3시간 45분 동안 간다면 몇 킬로미터를 이동할 수 있을까요?

【해답】 $20 \times \dfrac{1}{3} \times 3\dfrac{3}{4}$

$= 20 \times \dfrac{1}{3} \times \dfrac{15}{4} = 25$(km)

【나눗셈은 분수로 고쳐서 계산한다】

13. 역산(逆算)에 대해

계산 문제 중에서 특히 많이 틀리게 되는 것이 바로 역산을 해야 하는 문제입니다.

간단한 예를 들어 설명해 보겠습니다.

92페이지의 그림66은 빈칸에 알맞은 수를 찾아야 하는 문제인데, 생각처럼 잘 풀리지 않을 때는 간단한 숫자를 대입해서 문제의 식과 같은 형식으로 만들어 보고 어떤 계산이 필요한지 생각해 보는 방법이 효과적입니다.

그리고 이때 식을 머릿속에서만 생각하지 말고 문제의 식 옆에 같이 써 줘야 합니다. '나눗셈의 역산은 곱셈' 같은 것만 외워서는 문제에 대응하기 힘들지요.

> 그림66

【예】 24 − 18 ÷ □ =15

18 ÷ □ = 24 − 15 = 9이므로,

□ = 18 ÷ 9 = 2가 됩니다.

먼저, 18 ÷ □라는 부분을 ○라고 하면,

24 − ○ = 15가 됩니다.

이것을 5 − 2 = 3과 같이 생각하면

2에 해당하는 ○가 무엇인지 알 수 있습니다.

이제 18 ÷ □ = 9임을 알았으면,

6 ÷ 2 = 3과 비교를 합니다.

□에 해당하는 2를 구하려면 6 ÷ 3을 계산해야 하므로,

이것을 원식에 대입하면 18 ÷ 9 = 2가 되는 것입니다.

【역산의 비결】

14. 단위를 이해한다

단위 문제만 나오면 어려워하는 아이들이 매우 많은데, 여기에는 다 이유가 있습니다. 그런 아이들에게는 대부분의 단위가 매우 '비현실적'인 것으로 느껴지기 때문이지요. 역사적인 사건이 일어난 연대를 외울 때 연상 암기법을 많이 쓰는데, 왜 그럴까요? 물론 외워야 할 것이 많기 때문이지만, 그런 역사적 사건이 아

이들에게는 비현실적인 일이며 자신의 일상생활과는 전혀 관계가 없기 때문에 그렇게라도 하지 않으면 머릿속에 남지 않는다는 이유도 있습니다.

그렇다면 연상 암기법이 없는 수학의 단위는 어떻게 해야 익힐 수 있을까요? 1아르(are)는 100제곱미터, 1헥타르(hectare)는 10000제곱미터, 1시간은 60분같이 단순한 지식으로서 억지로 외우면 현실감이 없기 때문에 제대로 기억하지 못하며 계산에도 응용하지 못합니다.

먼저 아르와 헥타르는 정사각형의 넓이 단위입니다. 가령 사방이 1제곱미터는 1미터인 정사각형의 넓이입니다. 그리고 아르나 헥타르도 특별한 단위가 아니라 사방이 10미터인 정사각형과 사방이 100미터인 정사각형의 넓이에 단위를 붙인 것이라고 할 수 있습니다. 왜 정사각형인가 하면, 사람이 사는 땅이든 경작을 하는 밭이든 소를 방목하는 목장이든 삼각형이나 한쪽으로 길쭉한 직사각형보다는 정사각형인 편이 간편하기 때문입니다. 그러므로 10미터×10미터인 정사각형 토지에 1아르라는 단위가 붙고, 100미터×100미터인 토지에는 1헥타르라는 단위가 붙는다고 생각하면 됩니다. 헥타르는 아르의 100배이지요.

또 1시간은 60분이라고 배웠는데도 "1.2시간은 몇 분?"이라는 질문에 대답을 못하는 아이가 많습니다. 즉 1시간 = 60분이라는 지식만을 기억할 뿐 1시간이 60등분되어 있다는 인식은 없는 것이지요. 하지만 "2시간은?"이라는 질문에는 금방 "120분이요."라고 대답합니다. 그래서 "그건 어떻게 알았니?"라고 물어보면 잠시 생각해 보다가 "60배를 했어요."라고 말합니다. 이때 다시 "그러면 1.2시간은?"이라고 물어보면 아이는 "아, 그렇구나!"라며 계산을 시작하곤 합니다.

체적과 용적의 단위로는 리터나 데시리터가 나오는데, 이때는 1리터들이 용기의 실물을 보는 것이 좋습니다. 제가 초등학교 시절, 선생님께서 1데시리터들이 용기로 1리터들이 용기에 열 번 물을 넣는 것을 보여 주셨답니다. 그 모습에 아이들이 "와~. 가득 찼네!"라고 감탄했던 기억이 나네요.

또 선생님은 사방이 10센티미터인 1리터 용기 열 개를 나란히 늘어놓으면 1미터가 된다는 것도 실험으로 보여 줘서 1세제곱미터는 1000리터라는 것도 가르쳐 주셨습니다. 저는 1리터 = 10데시리터, 1세제곱미터 = 1000리터라는 것을 이때 알았고, 그 후 절대 잊어버리지 않았습니다. 지금 생각해 보면 정말 귀중한 경험이었다는 생각이 드는군요. 그밖에 시간에 관한 단위도 매우 중요하답니다. 시간의 단위를 제대로 이해하지 못하는 아이는 '속도' 단원에서 막혀 버리지요. '시간'과 '거리'라는 두 단위를 동시에 다뤄야 하니까요.

제3장 수학은 성공 체험이 중요하다

1. 왜 잊어버릴까?

푼 것은 기억하는데 푸는 법은 잊어버리는 경우가 많은 이유는 무엇일까요?

이것이 암기라고는 해도 수학 공부가 단순한 암기 과목과는 다른 점입니다. 수학의 암기는 스스로 생각해서 답을 이끌어 낸 기억이 남아 있습니다.

말하자면 성공 체험의 기억이지요.

어째서 그렇게 풀면 되는지를 진짜로 이해하지 못한 채 지나쳐 버린다면 본질을 이해하지 못한 것이므로 다음에 비슷한 문제가 나왔을 때 자신의 힘으로 풀지 못합니다. 문제를 조금만 비틀어도 풀지 못하는 일이 일어나게 되는 것입니다.

그러므로 정말로 '알았다.', '풀었다.' 라는 실감을 느끼려면 숫자뿐만 아니라 내용 또한 조금씩 바꾼 문제도 많이 풀어 봐야 합니다.

다음 예를 보십시오.

> **그림67**
>
> 【예제1】 A가 12시간 걸려서 하는 일을 B는 15시간, C는 20시간에 합니다. 지금 이 일을 세 명이 협력해서 한다면 몇 시간이 걸리게 될까요?
>
> 【예제1의 해답】 먼저 작업량을 12, 15, 20의 최소 공배수인 ⑥⓪이라고 놓습니다. 이때 1시간당 작업 능력은,
>
> A는 ⑥⓪ ÷ 12 = ⑤,
>
> B는 ⑥⓪ ÷ 15 = ④,
>
> C는 ⑥⓪ ÷ 20 = ③이 됩니다.
>
> 따라서 세 명이 같이 일하면 ⑥⓪ ÷ (⑤ + ④ + ③) = 5시간이 걸리게 됩니다.

【예제1】은 어려운 문제 유형 중의 하나입니다.

이 문제를 풀지 못했다면 해답의 설명을 보고, 다음에 숫자만이 아닌 문제 내용도 조금 바꾼 것을 풀어 보도록 해야 합니다.

예를 들면 이런 식입니다.

> 그림68

【예제2】 A가 10시간 걸려서 하는 일을 B는 15시간에 합니다. 지금 이 일을 C도 협력해 셋이 같이 했더니 4시간이 걸렸습니다. 만약 이 일을 처음부터 C 혼자서 했다면 몇 시간이 걸렸을까요?

【예제2의 해답】 10과 15의 최소 공배수인 ㉚을 작업량이라고 하면 A와 B의 1시간당 작업 능력은 각각 ③과 ②입니다.
따라서 4시간 동안 두 사람이 함께 한 작업의 양은 (③ + ②) × 4 = ⑳이 되며, 남은 양은 ⑩입니다.
C는 이 일을 하는 데 4시간이 걸렸으므로,
㉚을 혼자서 했다면 $4 \times \frac{30}{10} = 12$시간이 걸리게 됩니다.

【예제2】와 같은 문제를 풀 때 중요한 점은 전체 작업량과 1시간당 작업 능력을 구하고 그 의미를 이해하는 것입니다.

즉 문제를 푸는 계산 순서를 그대로 외우지 말고 문제를 바꿔도 대처할 수 있도록 풀이법의 의미를 철저하게 이해해야 하는 것이지요. 또 전체량을 1로 놓는 방법도 있지만 그렇게 하면 귀찮게 분수 계산을 해야 할 때가 많으니 앞의 방법을 추천합니다.

2. 알겠니?

일반적으로 수학 문제를 설명한 후 선생님이 "알겠니?"라고 물으면 대부분은 "네, 압니다."라고 대답합니다.

하지만 시험을 보면 생각처럼 점수가 안 나오는, 즉 사실은 이해하지 못한 경우가 꽤 많지요. 여러분도 경험한 적이 있지요? 여기에는 몇 가지 원인을 생각해 볼 수 있습니다.

【원인1】

아이들은 본능적으로 착한 아이가 되고 싶어 합니다. 절대로 선생님을 실망시키고 싶지 않은 것이지요. 이것이 자신도 모르게 그런 대답으로 이끄는 것입니다.

【원인2】

알았다고 대답하면 귀찮은 상황에서 벗어날 수 있다고 생각할 때가 있습니다. 이 경우는 자신이 사실은 제대로 이해하지 못했음을 자각하고 있습니다.

【원인3】

본인이 정말로 이해했다고 생각하고 있을 때도 있습니다. 근본적으로는 이해하지 못했지만 스스로는 이해했다고 믿는 것이지요. 이것은 조금 골치 아픈 경우입니다. 이해했다고 생각하니 복습도 안 하고, 질문을 할 리도 없지요. 하지만 시험을 보면 결과는 항상 좋지 못합니다. '정말 내가 이해한 것일까?' 라고 얼마나 진지하게 되돌아볼 수 있는지가 실력 향상의 열쇠입니다.

3. 무엇을 모르는지 모른다?

"나는 내가 뭘 모르는지 모르겠다."라는 말을 하는 아이가 의외로 많습니다.

왜 그런 걸까요? 그것은 정상적으로 수업을 받은 아이는 대개 '뭔가 이해한 것 같다.' 라는 상태가 됩니다.

여기에서 스스로 복습 등을 해서 확인 작업을 거치면 진정한 지식으로 각인되지요. 하지만 대부분은 '뭔가 이해한 것 같으니까.' 복습을 하지 않은 채 시험을 봅니다. 그러면 자신도 이해하지 못하는 결과가 나오지요.

결국, 분명히 이해했는데 문제를 풀지 못한다 → 즉 이해한 것이 아니었다 → 하지만 질문도 하지 않았다 → 어떤 부분을 모르는지 모르니까 질문을 못한 것이다……라는 흐름인 것입니다.

이것은 본질적으로는 '아무것도 몰랐다.' 라고 생각해야 합니다. 본인은 이해했다고 생각하기 쉽습니다.

하지만 질문을 하지 않는 이유는 '무엇을 모르는지 몰라서' 가 아니라 '아무것도 모르기 때문에 무엇부터 물어봐야 할 지 알 수가 없어서'라고 할 수 있지요.

그래서 정말로 이해를 했는지 못했는지를 확인하는 게 필요합니다. 설사 안다고 생각되어도 충분히 혼자서 복습을 할 시간을 가져야 합니다.

4. 두 가지 문제

어떻게 해야 기본적인 풀이법을 자신의 것으로 만들 수 있을까요? 어떻게 하면 기초를 지식으로 정착시킬 수 있을지 생각해 보고자 합니다만, 여기에는 문제가 있습니다.

첫째, 아이들에게는 각자 자신만의 감각과 속도가 있다는 문제입니다. 학원 수업에서 해설을 할 때 그 속도에 따라가지 못하면 그저 영문도 모른 채 칠판에 적힌 숫자만 무의미하게 받아 적게 됩니다. 아무래도 자신에게 맞는 감각과 속도가 아니면 이해가 잘 되지 않는 법이지요. 그리고 원래 이해하지 못했던 문제를 해설 한 번 해 줬다고 바로 이해할 수 있다면 누가 고생을 할까요?

둘째는 가정에서의 문제입니다. '모른다.', '못한다.'라는 것을 용납하지 않는 분위기가 있으면 아이들은 더더욱 진정으로 이해하려는 노력과는 거리가 먼 행동을 합니다. 꾸중을 듣고 싶지 않으니까 이해하지도 못한 것을 이해했다고 억지로 스스로에게 최면을 거는 경우가 있습니다.

5. 해결책은?

　이 두 가지 문제를 염두에 두면서 해결 방법을 생각해 보지요. 먼저 필요한 조치는 이해할 때까지 생각하는 것입니다. 그리고 '자신의 힘으로 푸는' 체험을 해야 합니다. 그 경험은 반드시 그 문제를 풀기 위한 지식으로 남습니다.

　다른 교과목과 마찬가지로 '반복'도 중요합니다. 앞에서도 말했듯이 숫자만 바꾸어 놓은 문제를 반복해서 푸는 것은 그다지 권하지 않습니다만, 숫자와 내용을 조금 바꾼 비슷한 문제를 반복해서 풀면 풀이법이 기억 속에 남게 됩니다.

　처음에는 잘 풀지 못하더라도 유사 문제를 몇 문제 풀다 보면 자신의 힘으로 해결할 수 있습니다. 스스로의 힘으로 문제를 풀었다는 성취감과 충실감이 자신감을 낳아 확고한 기억으로 각인시킬 것입니다. 스스로 풀 수 있을 때까지 계속 노력하는 것이 핵심이라고 할 수 있습니다.

사고력을 키우자

제4장

최근 '사고력'을 요구하는 유형의 문제가 주목을 받고 있습니다. 단순한 패턴 문제에 대한 대응력을 시험하는 것이 아니라, 본 적도 없는 '내용과 형식'을 겸비한 문제를 내서 '계산 능력'과 '암기력'에 의지하지 않고 곰곰이 생각해 풀도록 요구하는 것입니다. 분야로 치면 '경우의 수'와 '수의 성질'이 여기에 속하는 경우가 많은데, 아마도 평소에 경험해 본 적이 없는 문제인 경우가 많을 것입니다.

1. 사고력을 키울 때의 문제점

사고력을 키우려면 지긋이 생각하는 습관을 들여야 합니다. 따라서 '지긋이 생각할 수 있는 환경'을 만들어야 하지요. 그런데 제한된 시간 안에 문제를 푼다는 작업은 '지긋이 생각하는 것'과는 상반되며, 또 '사고력'을 요구하는 유형의 문제는 쉽지 않을 때가 많기 때문에 도중에 포기하기 쉽습니다. 그러므로 이 두 가지 문제(시간과 난이도)를 해결해야 합니다.

2. 해결 방법1 — 즐거운 체험

먼저 '지긋이 생각하는 것'이 즐거운 일임을 경험해야 합니다. '사고력'을 요구하는 문제는 일반 문제에 비해 풀었을 때의 감동과 성취감이 매우 높습니다. 자신에게 '사고력'이 있다(=역시 난 머리가 좋아!)라는 기분은 아이를 크게 전진시켜 주는 원동력이 되며, 몰라볼 정도로 수학에 강한 아이로 만들어 주지요. 특히 저학년은 퍼즐 요소가 있는 문제를 많이 경험해 두면 나중에 도움이 된답니다.

'스도쿠'라는 퍼즐이 있는데, 이것은 사고력의 유연성을 살피는 데 재미있는 재료입니다. 수학 성적이 좋은 아이가 반드시 이런 퍼즐에 유연하게 대처할 수 있는 것은 아닙니다. 반대로 이런 퍼즐에서 자신감을 얻는 아이도 있지요.

3. 해결 방법2 — 질문을 한다

모르는 것이 있으면 물어봐야 합니다. 특히 선생님에게 질문하는 것이 중요합니다. 만약에 질문을 해도 잘 대답해 주지 않거나 "이런 것도 몰라?", "전에 가르쳐 줬잖아?"라고 말하며 귀찮아하는 선생님들만 있는 학원이라면 그만두는 편이 낫습니다.

아이에게는 모르는 것을 묻는 것이 당연한 권리이지 조금도 부끄러워할 일이 아닙니다. 모르는 것을 부끄럽게 느끼도록 만드는 분위기의 학원은 지양해야 합니다. "이거, 전에 설명을 들었는데 잘 모르겠어요. 한 번만 더 설명해 주세요."라고 말할 수 있는 분위기라면 오케이입니다.

　옛날에 제가 가르쳤던 학생 중에 같은 문제를 서너 번이나 물어보는 여자아이가 있었습니다. 한번은 제가 "또 이 문제야?"라고 말하니까 빙긋 웃으면서 이렇게 말하더군요. "모르니까 물어보지요." 저는 웃으며 "아하, 그렇군."이라고 말하고 똑같은 설명을 다시 해 줬습니다. 이 아이는 나중에 정말 실력이 향상되어 상급 중학교에 당당히 합격했답니다. 이 아이 말고도 이와 같은 사례는 얼마든지 있습니다. 질문하는 아이일수록 실력이 향상된다고 저는 믿습니다. 질문은 할수록 이득임을 명심합시다.

　또 질문에는 다른 장점도 있습니다. 아이와 선생님이 정신적으로 교감을 나눌 수 있는 기회인 것이지요. 가르치는 사람은 "참 열심히 하는구나.", "요즘 성적이 많이 올랐더라."라고 개인적으로 아이를 격려해 줄 수 있습니다. 그런 말을 듣고 기뻐하지 않는 아이가 과연 있을까요? 또 설명을 들은 아이가 "이제 잘 알겠어요."라고 말해 주면 가르치는 사람도 피로가 싹 날아갑니다. "물어보고 싶은 게 있으면 언제라도 오렴."이라고 말하고 사탕이라도 하나 주고 싶어지지요.

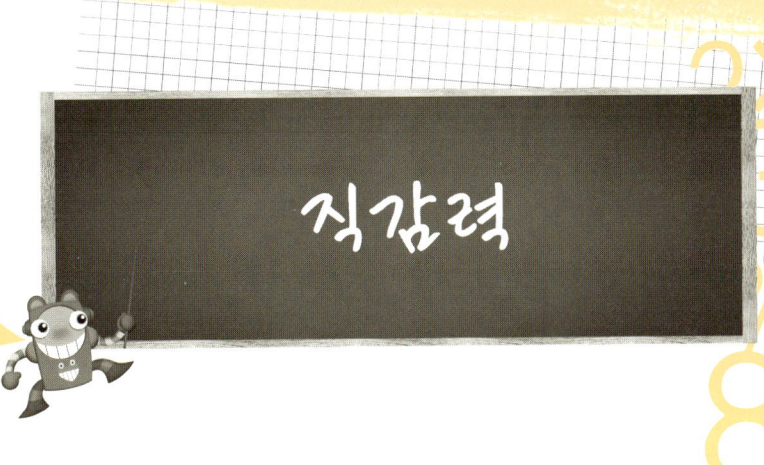

제5장 직감력

 이번에는 '직감력'에 대해 생각해 봅시다. 주어진 조건에서 해답에 이르기까지 몇몇 갈림길을 정확하게 판단하는 아이들이 있지요. 이것은 소위 '찍는다.' 라는 표현을 씁니다. 분명히 훌륭한 재능이기는 하지만, 여기에 너무 의존해 버리면 계산에 집중하지 않거나 진득하게 생각하지 않을 수 있습니다.

 한 중학교에서 '(아래)와 같은 식이 성립할 때 A와 B를 구하시오.' 라는 문제를 낸 적이 있습니다.

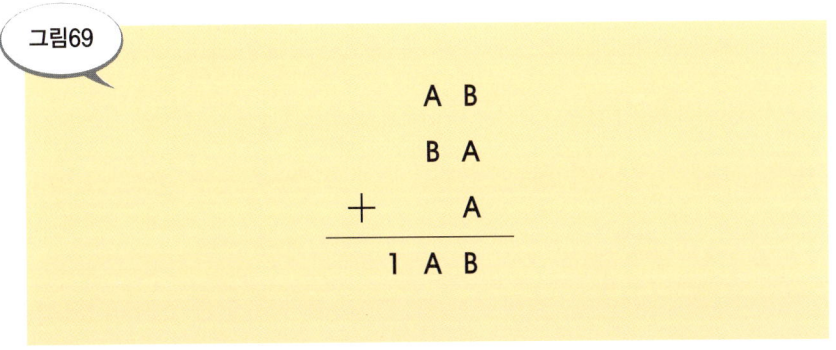

그림69

$$\begin{array}{r} A\,B \\ B\,A \\ +A \\ \hline 1\,A\,B \end{array}$$

【직감력】

앞의 문제를 보고 바로 A = 5임을 알 수 있느냐는 사고력의 문제일지도 모르지만, 이것저것 생각하기 전에 직감력으로 A = 5라고 확신하는 아이도 있을 것입니다. 또 그림70처럼 1부터 16까지의 숫자를 하나씩 집어넣는 문제에서도 직감력이 위력을 발휘할 때가 있습니다.

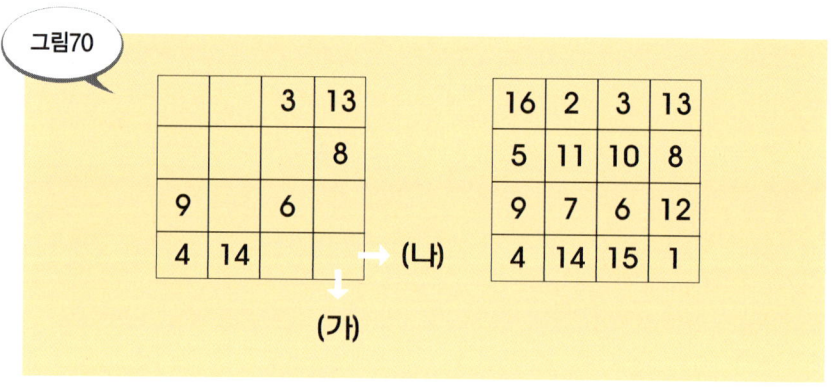

【숫자를 하나씩 집어넣는 문제】

이 문제에서는 먼저 한 줄의 합을 구합니다. 1부터 16까지의 합을 4등분하면 34가 나오므로 한 줄의 합은 34입니다.

그러면 (가)열에 있는 두 공백 속에 들어갈 숫자의 합은 13이 되며, 따라서 사용되지 않는 숫자를 감안하면 두 숫자는 (1, 12)와 (2, 11) 중 하나입니다.

또 (나)열에 있는 두 공백 속에 들어갈 숫자의 합은 16이 되므로 두 숫자는 (1, 15) 아니면 (5, 11)입니다.

그러므로 왼쪽 아래의 공통 부분에 들어갈 숫자는 1 아니면 11이 되는데, 이때 직감력이 좋은 아이는 11은 너무 크다고 판단하고 1을 넣어서 오른쪽과 같은 정답을 이끌어 냅니다. 하지만 그렇지 않은 아이는 11부터 대입해 본 다음에 아닌 것을 알게 되면 1을 대입해 보게 되지요. 게다가 좀 더 감이 좋은 아이는 왼쪽 아래에 있는 세 공백에 들어갈 숫자를 논리적으로 생각하기 전에 이미 여기에는 작은 숫자가 들어갈 것이라고 판단하고는 1부터 순서대로 대입해 살펴보기도 합니다. 이런 아이는 계산 능력이 있다면 그다지 시간을 들이지 않고 정답을 맞힐 것입니다.

그런데 여기에서 문제가 되는 점이 있습니다. '맞히기만 하면 그것으로 좋은가?' 입니다. 이 문제를 대입만으로 해결한 아이에게 "너는 아무런 논리적 검증도 하지 않았으니 그렇게 하면 안 된다."라고 부정적인 태도를 보여야 하느냐는 것입니다.

이론적으로 올바르게 풀어서 난이도가 높은 응용 문제에 대한 대응력을 키워야 한다는 점을 생각하면 이렇게 숫자를 대입하는 방법으로 풀어서는 안 된다고 할 수 있을지도 모릅니다.

하지만 제 경험으로는 어쨌든 정답을 맞혔다면 대단한 것이라고 생각합니다. 물론 그 다음엔 논리적인 풀이 방법을 습득해야 함은 당연한 것이지요.

시험에서는 감으로 찍는 것을 막기 위해 도형 문제의 그림을 의도적으로 일그러트릴 때도 있습니다.

어느 세 점을 잇는 선이 원래는 직선인데 고의로 한가운데를 구부러트리기도 하고, 어떤 두 곡선이 원래는 직교하는데 직각처럼 보이지 않게 기울이기도 하지요. 감으로 판단해 버리면 문제가 쉬워지니까 고의로 일그러진 그림을 보여 줘 논리적으로 생각해 보도록 요구하는 것입니다.

사실 이것은 문제의 질이 나쁘다고 할 수 있지만, 어쨌든 실제 시험에서 이런 문제가 나올 수도 있으니 여기에 대처할 수 있도록 준비해야 합니다.

물론 직감력이 뛰어나다면 그보다 좋을 수는 없겠지요. 하지만 그 때문에 사고력이 빈약해져서는 절대로 안 됩니다.

그렇다면 감으로 찍어서 정답을 맞히는 것보단 정상적인 풀이법을 익히는 것이 중요하다는 결론이 나옵니다. 하지만 단순히 답만 맞히면 되는(중간 계산을 적을 필요가 없는) 문제의 경우는 아무리 생각해 봐도 풀릴 것 같지 않다고 포기하지 말고 숫자를 자꾸 대입하다 보면 정답을 찾아낼 가능성도 무시하지 말아야 합니다. 답을 찾아내 점수를 올리고자 하는 집념은 수험생에게 꼭 필요한 정신입니다.

예를 들어 보기 중에 알맞은 것을 선택하는 문제에서 정답을 모른다고 백지 상태로 둔다면 솔직하다고는 할 수 있어도 그 솔직함을 높이 평가해 줄 사람은 없습니다. 도저히 모르겠다면 아무거나 답으로 쓰라고 가르치는 이유도 그 때문입니다.

이런 의미에서 저는 직감력도 수학 능력의 하나라고 생각합니다. 이 직감력이라는 재능은 타고난다는 느낌도 있지만, 많은 문제를 풀어 보고 경험이 쌓이면 어느 정도는 좋아지기도 합니다.

상급 학교에 합격한 Y는 이 '직감력'이 뛰어난 아이였습니다. '10단위와 1단위의 숫자를 서로 바꾸면 원래 수보다 45가 커지는 수 중에서 가장 큰 수를 구하시오.'라는 문제가 있습니다.

원래 이 문제를 푸는 법은 이렇습니다. 10단위의 수를 x, 1단위의 수를 y라고 놓고 $10 \times x + y + 45 = 10 \times y + x$라는 식을 세웁니다. 그러면 $x + 5 = y$임을 알 수 있는데, 이를 만족하는 두 자릿수는 '16, 27, 38, 49'이므로 이 중에서 49가 정답입니다.

그런데 이 아이는 이런 계산을 거치지 않고 항상 감으로 답을 맞혔습니다. 항상 쉽게 답을 맞히니 올바른 방법을 익히려고 하지 않았는데, 수학 시간에 감으로는 맞히기 힘든 복잡한 문제를 접하더니 제게 올바른 풀이법을 물어보더군요. 직감력이 언제나 통하는 것은 아니라는 좋은 사례라고 할 수 있습니다.

여담이지만, Y의 최고 장점은 긍정적인 자세였습니다. 하루는 중학교 입시 대비용으로 어떤 단원의 프린트를 몇 장 준비했는데, 시간 안에 다 끝내지 못해서 나머지는 가지고 가려고 했더니 "안 주고 가세요?"라고 물어보는 것이었습니다.

학교 공부도 많고 학원에서 내 주는 숙제도 만만치 않다는 것을 잘 알고 있어서 일부러 신경을 쓴 것이었는데, Y는 전부 풀고 싶으니까 나머지도 달라고 하더군요.

그때 저는 이 아이가 반드시 합격할 것이라고 확신했습니다.

제6장

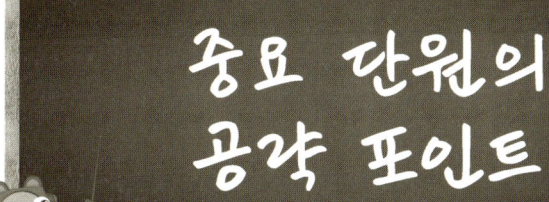

중요 단원의 공략 포인트

수학에는 어느 학원에서나 기본적으로 지도하는 전형적인 해설·풀이법이 있습니다. 하지만 선생님마다 좀 더 알기 쉬운 방법이나 편리한 풀이법이 있는 경우가 많은데, 유능한 선생님들은 이런 자신만의 편리한 풀이법을 아이들에게 가르쳐 줍니다.

이 장에서는 제 경험상 아이들의 반응이 좋았던 몇몇 단원의 풀이법을 소개할까 합니다. 개중에는 이미 알려진 것도 있을지 모르겠습니다.

1. 비율

비율은 나눗셈의 답입니다. 그런데 이때 '비교하는 것'이나 '비교되는 것' 등의 말을 쓰면 대부분의 아이들은 혼란에 빠져 버립니다. 이 단원에서 가르쳐야 할 것은, '의'는 '×(곱하기)'이며 '은(는)'은 '='라는 것입니다. 다른 복잡한 말들은 필요 없습니다.

또 이 단원에서 알아 두면 좋은 것은 '분수와 소수의 차이', '숫자와 말의 차이', '계산을 잘하는 법'입니다.

1 분수와 소수의 차이

비율은 나눗셈의 답(그림71의 ②를 예로 들면 $\frac{1}{3}$은 1200g에 대한 400g의 비율로, $400 \div 1200 = \frac{1}{3}$이라는 나눗셈으로 구할 수 있습니다)이라고 할 수 있는데, 나눗셈의 답은 분수와 소수로 나타낼 수 있습니다.

소수와 분수의 편리한 점과 불편한 점이 무엇인지 한번 생각해 보십시오. 한쪽에서 편리한 점은 다른 한쪽에는 불편한 점입니다. 그런 생각이 수학 실력을 더욱 향상시킬 것입니다.

● 분수의 편리한 점……$\frac{1}{3}$과 같이 소수로 만들었을 때 나누어떨어지지 않는 수도 나타낼 수 있다.

● 분수의 불편한 점……대소 관계를 비교하기가 힘들 때도 있다.

그림71

【예】

① 400원의 3배는 □원이다.
→ 400 × 3 = 1200(원)

② 1200g의 $\frac{1}{3}$은 □g이다.
→ 1200 × $\frac{1}{3}$ = 400(g)

③ □m의 40%는 800m이다.
→ □ × 0.4 = 800
800 ÷ 0.4 = 2000(m)

【비율】

2 숫자와 말의 차이

'백분율'이나 '할, 푼, 리'는 생활 속에서 쓰이는 편리한 말이지 숫자가 아닙니다. 따라서 그것을 그대로 식에 사용할 수는 없기 때문에 2할 = 0.2, 40% = 0.4와 같이 숫자로 변환해 줘야 합니다. 그런데 왜 비율을 숫자 그대로 쓰지 않고 '백분율'이나 '할, 푼, 리'를 사용할까요? 그것은 일상에서 쓰이는 자료의 비율이 나누어떨어지지 않을 때가 많기 때문입니다.

가령 어떤 물건의 전체 수입량이 27이고 그중 A라는 나라에서 수입하는 양이 14라면 그 비율은 14 ÷ 27 = 0.5185 … 인데, 이것을 그대로 쓰기보다는 'A국에서 수입하는 양은 전체의 약 52%입니다.'라고 표현할 때가 많습니다.

$\frac{14}{27}$ 라고 하면 그것이 어느 정도 크기인지 금방 이해가 안 되고, 하물며 0.5185 … 라고 하면 더더욱 이해하기 힘들기 때문이지요.

또 대소 관계의 비교가 중요한 경우에(야구 선수의 타율 등) 분수는 특성상 적당치 못하기 때문에 소수를 사용하는데, 이때 아무래도 소수점을 찍기가 번거로워집니다. 그런 이유로 백분율이나 '할, 푼, 리'를 사용하는 것이지요.

이제 왜 1 ÷ 10 = 0.1 = 1할 = 10% 라고 표현하는지 알겠지요? 이 단원에서 기억해야 하는 것은 문제에서 식을 유도하는 작업인데, 그것은 '의'를 '×'로, '은(는)'을 '='로 바꾸는 작업입니다.

❸ 계산을 잘하는 방법

그림72의 문제에서 아래와 같은 식을 금방 유도할 수 있는 아이는 이 단원 때문에 고생할 일이 없을 것입니다. 저는 어렸을 때 이런 문제를 만나면 1g이 얼마인지 계산하려고 하고, 나눗셈이 나누어떨어지지 않으면 참으로 고생을 했습니다. 이 문제에서도 600 ÷ 180 = 3.33 …이 되는데, 이때 분수를 이용할 줄 모른다면 계산을 포기해 버리기도 하지요. 그렇다면 어떻게 해야 할까요?

먼저 600원이 얼마로 변할지 생각해 봅니다. 600원의 몇 배가 되느냐는 것이지요. 그러면 '600 × ?' 라는 식이 머리에 떠오를 것입니다. 이제 '?' 부분에 분수를 만듭니다. 이때 중요한 점은 문제를 읽으면서 답이 600원보다 클지 작을지 판단하는 것입니다. 그것을 알면 $\frac{600 \times 240}{180}$ 이라는 식이 완성되며, 그다음에는 계산만 하면 됩니다. 이 작업을 몇 번 경험하면 기초적인 문장 문제는 쉽게 풀 수 있게 될 것입니다.

그림72

[예] 어떤 고기가 180g에 600원이라면 240g은 얼마일까요?

$$600 \times \frac{240}{180} = 800(원)$$

【능숙한 계산】

2. 속도

이 단원을 어려워하는 아이에게는 공통점이 있는데, '단위에 약하다.' 라는 것입니다.

'시간' 과 '속도' 의 단위를 철저히 훈련해야 합니다. 그리고 이때 중요한 점은 구체적인 이미지를 확립하는 것입니다.

길이를 잰 도로를 일정한 속도(라고 생각되는 속도)로 걷게 하고 이때 소요된 시간으로 길이를 나누는 연습을 하면 금방 이해할 수 있습니다.

예를 들어 보겠습니다. 만약 24미터를 가는 데 16초가 걸렸다면 24 ÷ 16 = 1.5, 즉 1초에 1.5미터씩 전진한 셈이겠지요? 이것을 초속 1.5미터라고 말합니다. 그러니까 2초 동안에는 1.5 × 2 = 3미터, 10초 동안에는 1.5 × 10 = 15미터를 전진하게 되겠지요? 그리고 또 1분이면 1.5 × 60 = 90미터, 1시간(60분)이면 5400미터니까 시속으로는 5.4킬로미터가 됩니다.

어떤가요? 이해가 됐나요?

물론 이런 경험이 필요 없는 아이도 있겠지만, 속도의 개념을 잘 이해하기 위해서는 필요한 예입니다.

기본적으로는 '속도' × '시간' = '진행한 거리' 라는 식이 이해하기 쉽습니다. 이 식만 외우면 충분합니다.

이 식의 역인 나눗셈을 암기할 필요는 없습니다. '거리' ÷ '속도' = '시간' 까지 암기할 필요는 없습니다.

내용을 이해하지 못한 채 단순히 표면적인 말만 이해해서는 응용을 하지 못하기 때문입니다.

❶ 단위에 대해

속도를 구하는 문제는 어지간한 경우가 아니라면 '분이 아닌 시간으로', '미터가 아닌 킬로미터로' 계산을 진행해야 합니다.

(아래)의 【예1】을 보십시오. 이때 다짜고짜 4000 ÷ 60이라고 계산을 하는 경우가 많습니다. 어째서인지는 모르겠지만 대부분의 아이들은 분속으로 계산하고 싶어 합니다. 하지만 이렇게 하면 나누어떨어지지 않기 때문에 계산을 포기하기 쉽습니다. 분수를 사용할 줄 안다면 (아래)와 같이 계산할 수 있겠지만, 이렇게 번거롭게 계산해서는 안 됩니다.

【예1】 시속 4킬로미터로 24분 동안 전진했습니다. 몇 킬로미터를 전진했을까요?

그림73

$$4000 ÷ 60 = 66\frac{2}{3} \cdots 분속 ✗$$
$$66\frac{2}{3} × 24 = 1600(m) = 1.6km$$

【단위】

제가 가르치던 학생 중의 한 명인 K양이 5학년이었을 때, 저는 이 문제를 다음과 같이 설명해 줬습니다.

K양은 4000 ÷ 24가 나누어떨어지지 않자 손이 멈춰졌습니다.

"시속 4킬로미터라고 하면 한 시간에 4킬로미터를 간다는 걸 의미해. 알고 있니?"

"네."(이것을 모른다고 하는 아이는 아마 없을 것입니다)

"그러면 시속 4킬로미터로 두 시간 동안 가면 몇 킬로미터일까?"

"4 × 2니까 8킬로미터요."

"맞았어. 그런데 이 문제는 시간이 24분이라 풀기가 힘든 거지? 그러면 24분을 시간으로 고치면 되잖아? 24분은 몇 시간일까?"

"그게, 음……."

"그러면 말이지, 120분은 몇 시간일까?"

"2시간이요."

"지금 그걸 어떻게 구했니?"

"60으로 나눴어요."

"그렇지? 그러면 24분은?"

"아, 그렇구나! 24 ÷ 60이니까……."

"아, 거기는 말이야, 분수인 채로 놔두면 돼. 24분은 $\frac{24}{60}$ 시간인 것이지. 이제 계산해 보렴."

"시속×시간을 하면 되나요?"

"그래, 그렇게 하면 되는 거야!"

"$\frac{4 \times 24}{60}$ 니까, 약분을 하면 $\frac{16}{10}$ 이네요. 혹시 1.6킬로미터?"

"맞았어! 그것 보렴, 간단하지?"

【예2】 2.5킬로미터를 가는 데 15분이 걸렸습니다. 시속을 구하십시오.

이 문제도 (아래)와 같이 계산하는 경우가 많습니다. 하지만 계산이 번거로워질 뿐이지요.

그림74

$2500 \div 15 = 166\frac{2}{3}$ …… 분속 ✗

$166\frac{2}{3} \times 60 = 10000(m) = 10(km/시)$

【단위2】

시속은 1시간 동안 간 거리이므로 1시간 동안 얼마나 갔는지를 생각합니다. 즉 1시간이 15분의 몇 배인지를 구하면 되지요. 그러므로 $2.5 \times \frac{60}{15} = 10$(킬로미터/시)을 구할 수 있습니다.

이것은 제6장 비율의 ❸ '계산을 잘하는 방법'에서 살펴본 요령과 같습니다.

먼저 2.5킬로미터의 몇 배가 될지를 생각하면 '2.5×?'가 머리에 떠오릅니다. 그런 다음에는 15분과 60분을 비교하여 답이 2.5보다 커질지 작아질지 예상합니다. 그러면 어느 쪽이 ?의 분모가 될지 판단할 수 있지요.

또 제2장에서 배운 '식은 되도록 하나로 정리한다.'를 이용해 $2.5 \div 15 \times 60 = 2.5 \times \frac{60}{15} = 10$(킬로미터/시)이라고 구해도 됩니다.

❷ 비(比)를 이용한다

문제를 푸는 데 있어서 여러 가지 방법이 있지만, 비를 이해할 수 있게 되면 되도록 비를 이용해서 문제를 풀도록 합니다. 비는 문제의 내용을 도식화하기 쉽다는 매우 뛰어난 이점이 있기 때문입니다.

> 【예3】 철수는 분속 100미터로, 영수는 분속 80미터로 A지점을 동시에 출발해 B지점으로 향했습니다. 먼저 B지점에 도착한 철수는 바로 방향을 바꿔 A지점을 향해 출발했고, 3분 뒤에 영수와 만났습니다. 이때 AB 사이의 거리를 구하십시오.

【예3】을 두 가지 방법으로 풀어 보겠습니다.

> 그림75

【예3 일반적으로 푸는 법】

철수가 B지점에 도착한 후, 영수 쪽으로 방향을 바꿔 걸으면, 3분 뒤에 철수와 영수는 만나게 됩니다.

그러므로 그림과 같이 풉니다.

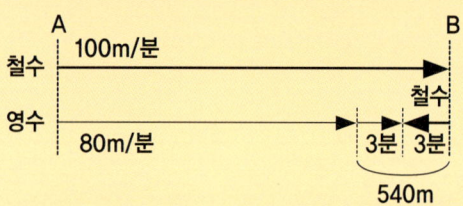

(100 + 80) × 3

= 540(m)

… B지점에 도착했을 때 철수와 영수 사이의 거리 차이

540 ÷ (100 − 80)

= 27(분)

… 철수가 B지점까지 가는 데 걸린 시간

100 × 27 = 2700(m)

… AB 사이의 거리

【일반적으로 푸는 법】

그림76

【예3 비를 이용해 푸는 법】

비를 이용해 문제를 풀 때의 이점은 구하는 양(여기에서는 ❺)을 그림으로 나타내기 쉽다는 점과 계산이 편하다는 점입니다.

속도의 비는 철수 : 영수 = 5 : 4이므로, 다음과 같은 그림을 그릴 수 있습니다.

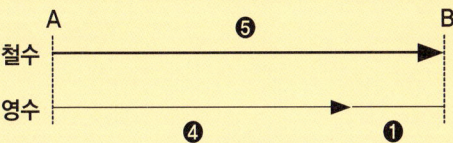

차이인 ❶이 두 사람이 3분 후에 만나는 거리인 540미터이므로,

구하는 거리 ❺

= 540 × 5 = 2700(m)

【비를 이용해서 푸는 법】

[예4] 지금 시침은 2시와 3시 사이를 가리키고 있습니다. 그런데 시계의 분침과 12시가 만드는 각도를 시침이 이등분한다면 현재 시간은 2시 몇 분일까요?

【예4 비를 이용해서 푸는 법】

분침과 시침이 움직이는 속도(각속도)의 비는 12대 1이므로 시침이 ❶만큼 움직였을 때 분침은 ⓬만큼 움직이게 됩니다.

따라서 2시 정각부터 두 바늘이 움직인 각도를 그림으로 나타내면 그림77과 같이 됩니다.

⓬ ÷ 2 = ❻ … 시침의 위치

❻ − ❶ = ❺ … 글자판의 2의 방향 = 10분

따라서 ❶ = 2분이 되므로 분침은 2 × 12 = 24분에 있음을 알 수 있습니다.

※분침의 절반 속도로 움직이는 바늘이 있다고 가정하고 그 바늘이 시침과 겹칠 때까지의 시간을 구하는 방법도 있습니다. 그럴 경우에는 그림77의 오른쪽과 같이 계산합니다.

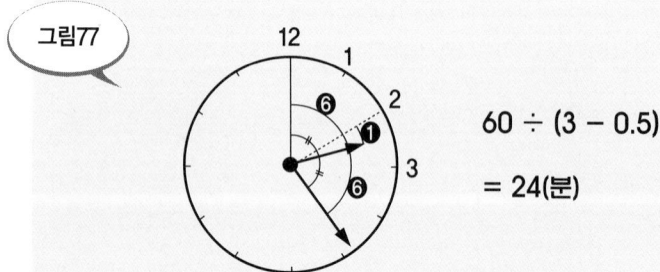

그림77

60 ÷ (3 − 0.5)

= 24(분)

3 왕복 문제를 푸는 또 다른 방법

[예5] 철수는 A지점에서, 영수는 B지점에서 동시에 출발해 각각 AB 사이를 왕복했습니다. 그러자 첫 번째는 중간 지점에서 B지점 쪽으로 60미터 떨어진 곳에서, 두 번째는 A지점에서 360미터 떨어진 곳에서 두 사람이 만났습니다.
AB 사이의 거리를 구하십시오.

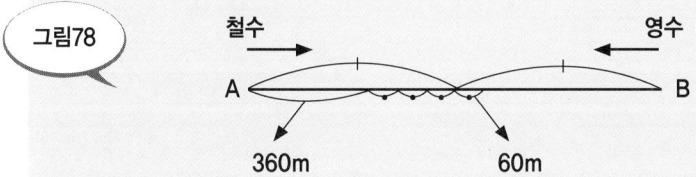

그림78

[예5 답] 1대 3 방식

두 번째로 만났을 때 두 사람이 이동한 거리는 처음 만났을 때 이동한 거리의 세 배가 됩니다.

따라서 그림과 같이 중간 지점에서 B지점 쪽으로 60미터 떨어진 곳에서 처음 만났다면 두 번째는 중간 지점에서 60 × 3 = 180미터 떨어진 곳에서 만나게 됩니다.

360 + 180 = 540미터가 AB 사이의 거리의 절반이므로

AB 사이의 거리는 540 × 2 = 1080미터입니다.

※앞의 해답은 제가 약 20년 전에 생각해 낸 방법으로, 학생들은 사쿠라이의 1대 3 방식이라고 부릅니다. 이와 같이 동시에 출발하는 왕복 문제에만 적용할 수 있는지라 대단한 풀이법이라고 할 수 있을지는 의문입니다.

3. 경우의 수

경우의 수에는 크게 나눠서 '나열하는 방법'과 '고르는 방법', '그 밖의 문제'라는 세 가지 분야가 있습니다. 다음 두 가지 공식은 반드시 외워야 합니다.

1) [나열하는 방법의 공식] 순열의 공식입니다. 어떤 숫자부터 1까지 순서대로 곱합니다.

【예1】 네 명이 한 줄로 서는 방법

→ $4 \times 3 \times 2 \times 1 = 24$가지

【예2】 다섯 명이 한 줄로 서는 방법

→ $5 \times 4 \times 3 \times 2 \times 1 = 120$가지

2) [고르는 방법의 공식] 조합의 공식입니다. 왜 그렇게 되는지 가르쳐 주는 것은 불가능하니 몇 가지 예를 들며 계산 방법을 외우는 수밖에 없습니다.

[예1] 네 명 중에서 두 명을 고르는 방법

→ (4 × 3) ÷ (2 × 1) = 6가지

[예2] 다섯 명 중에서 세 명을 고르는 방법

→ (5 × 4 × 3) ÷ (3 × 2 × 1) = 10가지

[예3] 열 명 중에서 네 명을 고르는 방법

→ (10 × 9 × 8 × 7) ÷ (4 × 3 × 2 × 1) = 210가지

※다섯 명 중에서 세 명을 고르는 방법은 다섯 명 중에서 두 명을 고르는 방법과 같습니다. 따라서 다섯 명 중에서 네 명을 고르는 경우의 수를 구할 때는 다섯 명 중에서 한 명을 고르는 방법과 똑같다고 생각하고 다섯 가지라고 대답하는 것이 빠릅니다.

그 밖의 문제를 푸는 기본 방법으로는 먼저 수형도라는 것을 알아야 합니다.

상당히 효과적인 방법이기는 하지만, 계산으로 빠르게 구할 수 있는 문제까지 수형도를 그리려 해서는 곤란합니다. 다음 예가 바로 그런 경우입니다.

【예】 1, 1, 2, 3, 4라는 다섯 숫자를 써서 세 자릿수 정수를 몇 가지 만들 수 있을까요?

【해답】

1이 중복되지 않는 경우는 (1, 2, 3, 4)의 네 숫자를 써서 세 자릿수 정수를 만들게 되므로 4 × 3 × 2 = 24가지가 됩니다. 1이 중복되는 경우는 (1, 1, 2), (1, 1, 3), (1, 1, 4)의 세 가지 유형으로, 각각 1 이외의 수가 어느 자리에 오느냐에 따라 세 자릿수 정수가 정해지므로 모두 합쳐 3×3=9가지입니다.

따라서 정답은 24 + 9 = 33가지입니다.

4. 규칙성

앞에서도 이야기했지만, 규칙성 문제에는 '규칙을 찾아내 그 규칙을 바탕으로 계산하시오.' 라는 출제자의 의도가 담겨 있습니다. 문제를 풀려면 먼저 규칙성을 찾아낸 다음 계산 방법을 생각하는 순서로 진행해야 하지요. 직접 그려 보며 푸는 방법은 '시간이 걸린다.', '기껏 열심히 적어 놓아도 정답이라는 보증이 없다.', '생각을 안 하기 때문에 사고력을 키울 수 없다.' 라는 단점이 있으니 추천하지 않습니다.

【예1】 그림79와 같이 바둑돌을 늘어놓습니다. 아홉 번째에는 몇 개가 사용될까요?

그림79

첫 번째 두 번째 세 번째

【예1 답】 첫 번째는 1 + 2 = 3개, 두 번째는 1 + 2 + 3 = 6개, 세 번째는 1 + 2 + 3 + 4 = 10개라는 규칙이므로, 아홉 번째에는 1 + 2 + 3 + … + 10 = (1 + 10) × 10 ÷ 2 = 55개가 사용됩니다.

【예2】 그림80과 같이 바둑돌을 늘어놓습니다. 열 번째에는 바둑돌이 몇 개가 사용될까요?

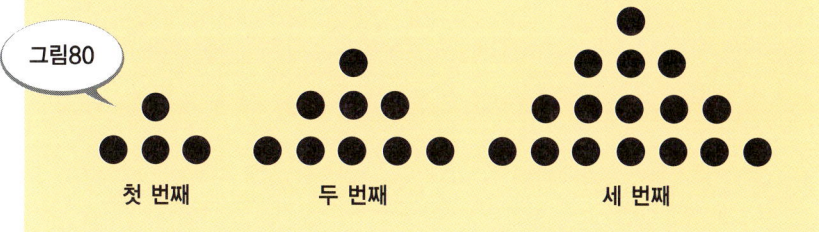

그림80

첫 번째 두 번째 세 번째

【예2 답】 첫 번째는 2 × 2 = 4개, 두 번째는 3 × 3 = 9개, 세 번째는 4 × 4 = 16개라는 규칙이므로, 열 번째에는 11 × 11 = 121개가 사용됩니다.

이와 같은 문제를 풀 때 직접 그려서 푸는 방법이 좋지 않은 이유는 '●개가 사용되는 것은 몇 번째 도형인가요?'라는 질문에 대답하기 힘들기 때문입니다.

'열 번째에는 바둑돌이 몇 개 사용될까요?'라는 문제라면 열 번째까지 그려 볼 수도 있겠지만, **【예1】**에서 '210개가 사용되는 것은 몇 번째 도형인가요?'라고 물었다면 얼마나 그려야 정답을 찾아낼 수 있을지 짐작하기 힘듭니다.

이 경우에는 (1 + 20) × 20 ÷ 2 = 210이라는 등차수열의 합의 공식에 따라 19번째임을 알 수 있습니다.

게다가 **【예2】**에서 '900개가 사용되는 것은 몇 번째인가요?'라고 묻기라도 한다면 직접 그려서 푸는 것은 거의 불가능합니다. 하지만 규칙성만 알아낸다면 900 = 30 × 30이므로 29번째임을 금방 알 수 있습니다. 이래서 규칙성을 찾아내는 것이 중요한 것입니다.

이 두 가지 예는 기본 수준의 문제이지만, 문제가 어려워질수록 규칙에서 계산 방법을 찾아내는 작업은 더욱 중요해집니다.

5. 수의 성질

수학이 숫자를 다루는 과목인 이상, 수의 성질은 분명 중요한 단원입니다.

수학에 약한 아이들은 숫자를 잘 다루지 못하며, 그 때문에 계산도 서투릅니다.

이 분야에는 몇 가지 중요한 지식이 있는데, 먼저 이것부터 익힌 다음에 시작하도록 하겠습니다.

【중요 지식1】 소수(素數)……1과 자신 이외의 자연수로는 나누어떨어지지 않는 수입니다. 2, 3, 5, 7, 11, 13…… 등이 있습니다. 2 이외에는 모두 홀수입니다.

【중요 지식2】 제곱수……같은 수를 곱해서 얻은 수입니다. 2 × 2 = 4, 3 × 3 = 9, 4 × 4 = 16…… 등이 있습니다.

【중요 지식3】 홀수 수열의 합은 제곱수가 됩니다.

(예 : 1 + 3 + 5 + 7 = 4 × 4 = 16이 됩니다. 즉 몇 번째 홀수까지 더했는지 보고 그 제곱수를 계산하면 됩니다. 6번째까지 더했다면 6 × 6 = 36입니다)

【중요 지식4】 몇 번째 홀수인지 알아보려면 1을 더한 짝수를 이용합니다.

(예 : 27은 27 + 1 = 28이 28 ÷ 2 =14번째 짝수이므로 14번째 홀수

입니다)

【중요 지식5】 3의 배수…… 각 자리의 합이 3의 배수가 됩니다.

(예 : 147 ⇒ 1 + 4 + 7 = 12 = 3 × 4이므로 147은 3의 배수입니다)

【중요 지식6】 4의 배수…… 마지막 두 자리가 4의 배수가 됩니다.

(예 : 124, 540, 3212 등)

이렇게 써 나가다 보면 약수와 분수 문제 등도 있어서 한도 끝도 없지만 이쯤에서 정리할까 합니다. 그리고 마지막으로 조금 수준 높은 지식을 하나 소개하겠습니다.

【유클리드 호제법】 최대 공약수를 찾아내는 방법입니다.

323과 437의 공약수를 찾는 문제가 있다고 합시다. 보통은 그림81처럼 해서 두 수를 나누어떨어지게 하는 '가'에 들어갈 수를 찾는데, 문제가 조금 까다로워지면 이것을 찾기가 쉽지 않습니다. 그럴 때 이 방법을 이용하면 좋습니다.

이 방법을 이용할 때는 다음과 같이 계산합니다.

437 ÷ 323 = 1 나머지 114, 323 ÷ 114 = 2 나머지 95, 114 ÷ 95 = 1 나머지 19, 95 ÷ 19 = 5.

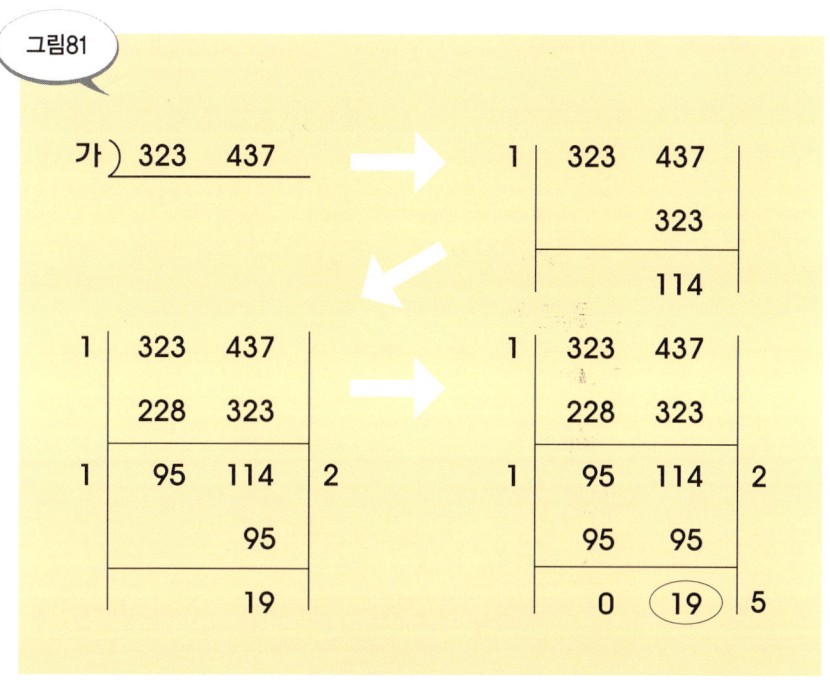

【유클리드 호제법】

이 작업을 했을 때 마지막에 나누어떨어진 수 19가 두 수의 최대 공약수입니다. 이것은 중학교나 고등학교에서 가르치는 기하학의 기초를 만든 고대 그리스의 수학자 유클리드가 발명한 방법으로, 유클리드 호제법이라고 부릅니다.

이렇게 일일이 계산하기 복잡한 숫자의 최대 공약수를 찾을 때 매우 편리하며, 어떤 두 수가 1 이외의 공약수를 가지는지 조사할 때도 효과적인 방법입니다. 즉 마지막에 나누어떨어진 수가 1이라면 그 두 수는 '서로소'가 되는 것입니다.

6. 평면 도형

평면 도형도 중요한 분야이므로 소홀히 해서는 안 됩니다. 이 분야를 한마디로 정리하기는 어렵지만, 이것만큼은 분명히 말할 수 있습니다.

도형을 엉망으로 그리는 아이는 도형에 약할 수밖에 없습니다. 그림은 항상 정성껏 그리도록 노력해야 하며, 자는 필통에 꼭 넣고 다녀야 합니다. 또 주의해야 할 점이 각도 문제입니다.

대부분의 학원에서는 5학년 이상의 수학 단원에서 각도를 중점적으로 다루지 않습니다.

그래서 4학년 때까지 배운 지식으로 각도 문제를 풀게 되는데, 이 때문에 평면 도형에 약하지도 않은 아이들이 각도 문제를 잘못 푸는 경우가 많습니다.

평행선의 동위각이나 엇각은 같다든가, 정삼각형의 한쪽 내각은 60도라든가, 이등변 삼각형의 밑각은 같다는 등의 기초 지식만으로 접힌 도형의 각도 등 난이도가 높은 문제들을 풀어야 하기 때문입니다.

7. 입체 도형

입체 도형을 어려워하는 아이가 많습니다. 도형을 봤을 때 그 모습을 입체적으로 파악하기가 힘들기 때문입니다.

이 단원을 잘하려면 입체 도형을 올바르게 그리는 것이 중요한데, 그래도 힘들어하는 아이가 많은 분야가 바로 전개도입니다.

【예】 그림82와 같은 정육면체의 세 면에 선을 세 개 그었습니다. 이 선을 오른쪽의 전개도에 나타내십시오.

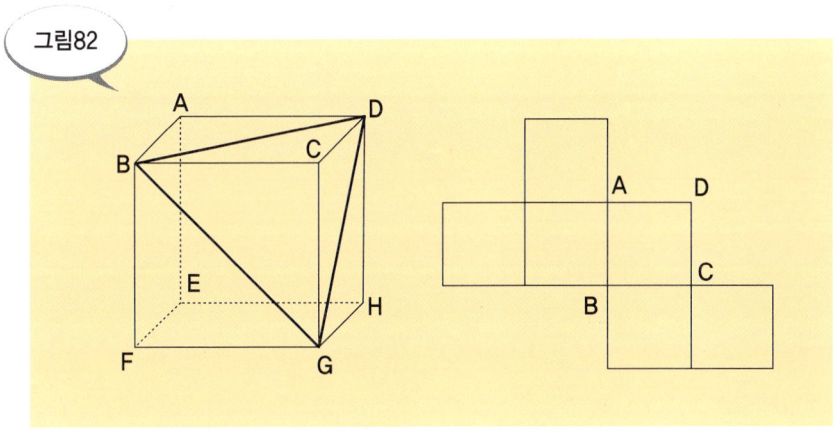

그림82

【전개도의 꼭짓점을 정하는 법】

전개도에 원래 입체의 꼭짓점의 기호를 표시하는 작업은 그리 간단치가 않습니다. 이것은 잘 푸는 아이도 일반적으로 어느 정도 시간이 걸립니다. 하지만 아주 편리한 방법이 있습니다.

그림83처럼 이어져 있는 두 면 위에서

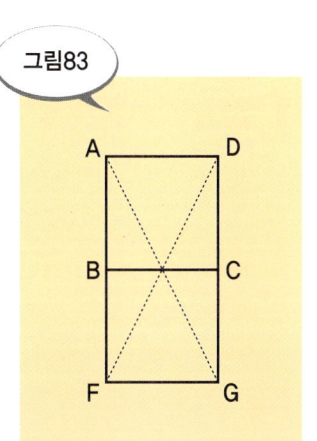

그림83

가장 멀리 떨어져 있는 두 점을 생각합니다. 이 두 점은 정육면체 위에서도 가장 멀리 떨어져 있습니다. 그것을 확인했다면 전개도에 표시된 ABCD의 네 점으로부터 정육면체 위에서 가장 멀리 떨어진 꼭짓점을 찾아내 전개도에 표시합니다.

먼저 A에서 봤을 때 G는 그림84의 왼쪽과 같이 되며, B, C, D에서도 마찬가지 방법을 이용하면 그림84의 오른쪽이 완성됩니다. 이렇게 해서 해답(그림85)을 완성할 수 있습니다.

입체 감각이 둔해 도형에 약한 아이라도 힘들이지 않고 익힐 수 있습니다.

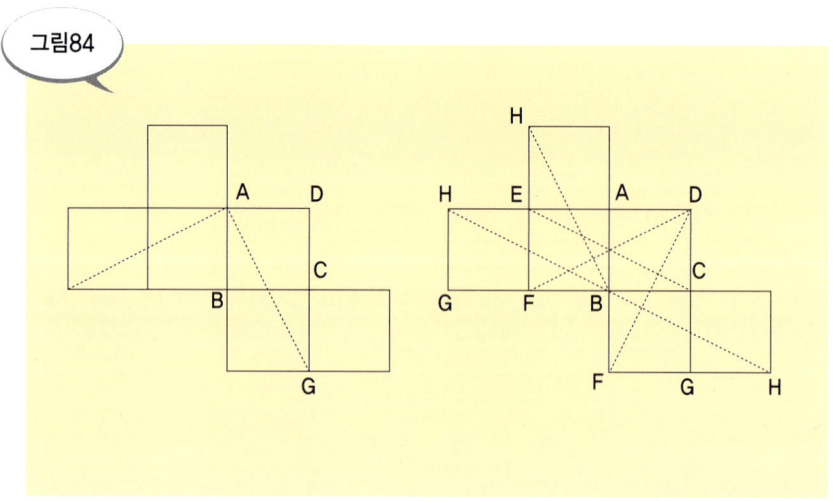

그림84

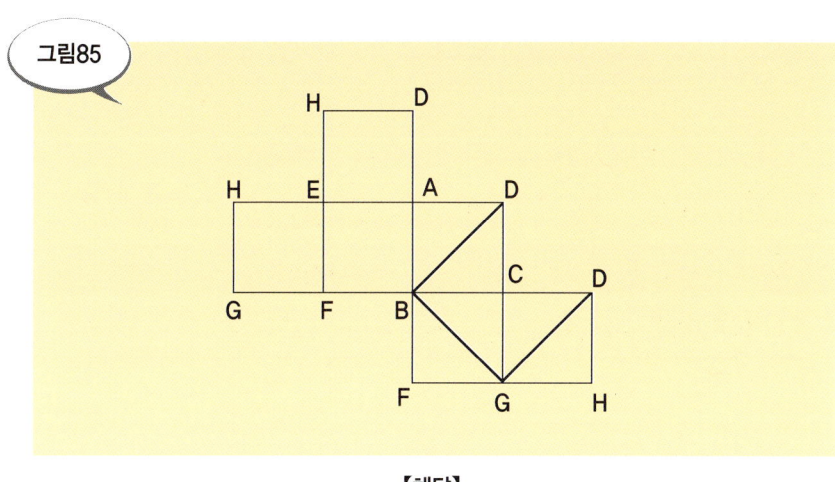

【해답】

8. 방정식의 이용에 대해

구하려는 답을 x라고 놓고 방정식처럼 풀면 안 되느냐는 질문을 하는 아이가 있을 것입니다.

이 점에 대해서는 찬반양론이 있는데, 반대파는 대부분 '그런 방식으로 계속 문제를 풀면 사고력을 키우지 못한다.'라고 주장합니다.

분명히 수학에는 '머리를 쓰는' 요소가 많아서, 산수처럼 공식에 대입해 간단히 계산해 나가는 경우는 거의 없습니다.

이 '머리를 쓰는' 훈련으로 실력이 상승하는 아이도 많은 것은 사실입니다.

하지만 저는 단원에 따라서는 방정식을 이용하는 편이 낫지 않을까 생각합니다. 바로 다음과 같은 문제를 풀 때입니다.

⟨1⟩

【예1】 A지점에서 B지점까지 10미터 간격으로 말뚝을 박으려고 필요한 수만큼만 말뚝을 준비했는데 12미터 간격으로 박아 버리는 바람에 세 개가 남았습니다. AB의 거리는 몇 미터일까요?

【예1 고전적인 방법으로 푸는 법】

남은 말뚝 세 개를 마저 박으면

12 × 3 = 36미터라는 차이가 생깁니다.

그런데 말뚝 하나당 차이가 12 − 10 = 2미터이므로

36 ÷ 2 = 18개를 박았음을 알 수 있습니다.

따라서 10 × 18 = 180미터입니다(주 : A지점에 박은 말뚝은 포함되지 않습니다).

【예1 방정식으로 푸는 법】

12미터 간격으로 ①개를 사용했다고 가정하면,

AB의 거리는 12 × ① = 10 × (① + 3)이 되며,

⑫ = ⑩ + 30

따라서 ① = 15이므로,

AB의 거리 = 12 × 15 = 180미터입니다.

※방정식으로 푼다고는 해도 x를 쓰지 않고 이처럼 무엇인가를 ①이라고 놓습니다. 수학에서도 '전체를 1로 놓는다.' 라는 풀이법이 있는데, 이것과 비슷합니다.

이 방법을 잘 쓰려면 기억해야 할 점이 있습니다. 제1장에서도 설명했지만, '좌우의 ○의 차이는 좌우의 숫자의 차이와 같다.' 라는 것입니다.

숫자처럼 이항을 시켜서 '+' 와 '−' 를 바꾸는 것은 무리일 수 있으니, '좌우의 ○의 차이는 좌우의 숫자의 차이와 같다.' 라는 법칙을 이용해 ①을 구하게 하십시오.

여기에는 다음과 같은 세 가지 유형이 있습니다.

⑥ + 12 = ⑧ + 4 → ② = 8 → ① = 4

⑩ − 20 = ⑮ − 35 → ⑤ = 15 → ① = 3

⑧ − 15 = ⑤ + 6 → ③ = 21 → ① = 7

세 번째는 ③ = 9라고 잘못 생각하기 쉬우니 주의해야 합니다.

고전적인 풀이법과 방정식 중 어느 쪽이 우월한가는 중요한 문제가 아닙니다.

중요한 것은 본인이 어느 쪽을 더 쉽게 받아들일 수 있느냐입니다. 본인이 선호하는 방법을 택하면 됩니다.

대략적으로 설명하자면, 고전적인 풀이법으로 푸는 것은 조금 머리를 써야 하지만 계산이 편해지며, 방정식은 머리를 쓰지는 않지만 계산 실력이 필요한 경향이 있습니다.

또 방정식은 무엇을 미지수로 삼아야 할지 판단하기 힘들 때가 있으며, 미지수를 무엇으로 정하느냐에 따라 식이 복잡해질 수가 있습니다.

⟨2⟩

【예2】강당의 긴 의자에 학생들을 앉히려 하는데, 6명씩 앉히면 36명이 앉지 못해 7명씩 앉히자 두 의자가 남았고 마지막 한 의자에는 5명이 앉았습니다. 학생의 수는 모두 몇 명일까요?

【예2 고전적인 방법으로 푸는 법】

모든 의자에 7명씩 학생이 앉았다고 가정하면

$36 + 7 \times 2 + 2 = 52$명의 차이가 생깁니다.

이 차이는 의자에 6명씩 앉았을 때와 7명씩 앉았을 때의 차이가 모인 것이므로,

$52 \div (7 - 6) = 52$(개) … 의자의 수

$6 \times 52 + 36 = 348$(명)

【예2 방정식으로 푸는 법】

그림86과 같이 학생의 수를 선으로 나타내고 의자의 수를 ①개라고 가정합니다.

그림에 따라, ① = 36 + 16 = 52(개)

따라서 학생의 수는 6 × 52 + 36 = 348(명)

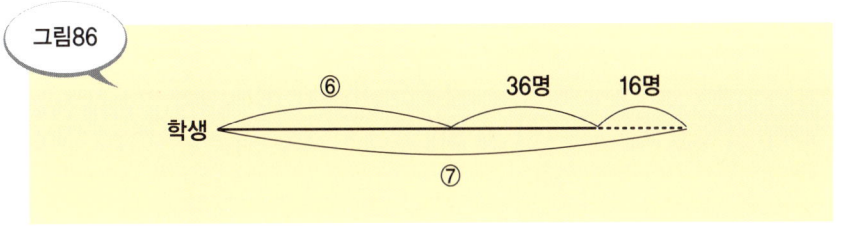
그림86

계산은 완전히 똑같다고 해도 좋을 정도이지만, 이렇게 그림으로 나타내면 훨씬 이해하기 쉬워집니다. 수학이 약한 아이는 '만약, ~라면'이라는 가정을 머릿속에서 처리하는 것을 굉장히 어려워하기 때문입니다.

이렇게 미지수를 ①로 놓는 방정식과 같은 방식이 반드시 만능은 아닙니다. 특히 '속도'나 '농도' 단원에서는 오히려 문제를 복잡하게 만들 때가 많아 권하지 않습니다.

9. '저울'을 이용하는 법

농도 공식은 물론 중요하지만, '저울'을 이용하면 쉽게 풀 수 있는 문제가 있습니다.

【예1】 5%의 소금물 120g과 10%의 소금물 180g을 섞으면 몇 %의 소금물이 될까요?

【예1 농도 공식을 사용해 푸는 법】

$120 \times 0.05 + 180 \times 0.1 = 24$(g) … 식염수의 무게

$24 \div (120 + 180) \times 100 = 8$(%)

【예1 면적도를 이용해 푸는 법】

그림87과 같은 면적도를 이용합니다.

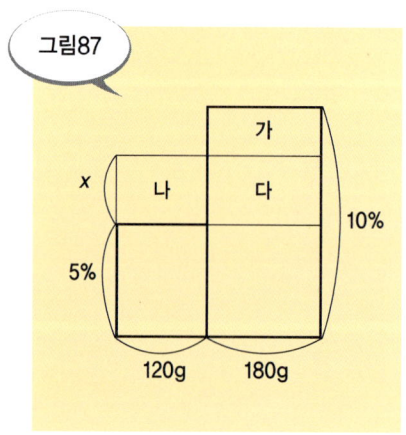

【면적도】

가 부분과 나 부분의 넓이가 같아지므로 다 부분을 공통 부분으로 해서 가+나=나+다라고 생각합니다.

$180 \times (10 - 5) \div (120 + 180)$
$= 3$(%) … x

따라서 $5 + 3 = 8$(%)

【예1 저울을 이용해 푸는 법】

그림88과 같은 저울을 생각합니다.

120대 180 = 2대 3이므로, 왼쪽에서 3대 2의 지점에 받침점을 놓으면 저울이 수평이 됩니다.

수평이 된 곳, 즉 받침점이 있는 곳이 구하려는 소금물의 농도입니다.

5%와 10%의 차이인 5%가 **5**에 해당하므로 **3**은 3%입니다.

따라서 5 + 3 = 8(%)

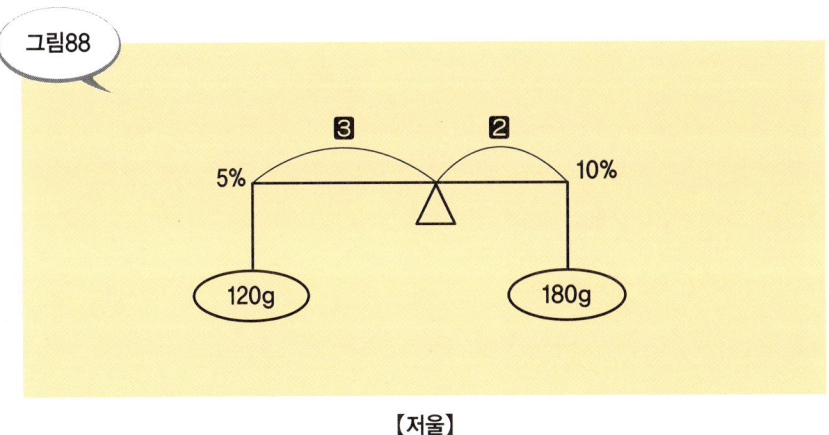

【저울】

※ '저울'을 이용해서 풀 경우, 물은 0%, 소금은 농도 100%의 소금물이라고 생각합니다.

【예2】 12%의 소금물 300g에 물 몇 g 넣으면 농도가 8%가 될까요?

【예2 저울을 이용해 푸는 법】

그림89에 따라, $300 \times 1 \div 2 = 150$(g)

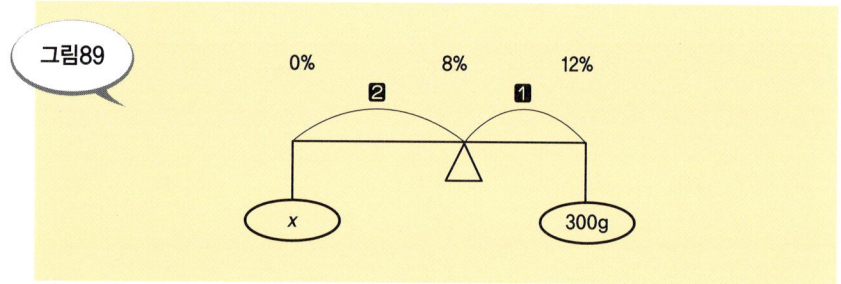

※농도가 $\frac{2}{3}$가 되었다는 말은 전체의 양이 $\frac{3}{2}$이 되었다는 뜻이므로 늘어난 물의 양은 $300 \times \frac{1}{2} = 150$g이라고 암산으로 답을 구하는 영리한 아이도 있습니다.

10. 비례식을 이용하는 법

'합이 같음', '차가 같음', '합과 차가 모두 다름'의 세 가지 패턴이 있습니다.

【예1 : 합이 같음】
철수는 영수가 가진 돈의 두 배를 가지고 있는데, 철수가 영수에게 200원을 주니 두 사람의 가진 돈의 비는 3대 2가 되었습니다. 철수가 처음 가지고 있던 돈은 얼마일까요?

【예1 일반적인 풀이법】

두 사람이 가진 돈의 합은 같으므로 처음 가진 돈과 나중에 가진 돈의 비의 합을 그림90처럼 맞춥니다.

따라서 철수가 처음 가지고 있던 돈은 200 × 10 = 2000원입니다.

> 그림90

철수 : 영수

2 : 1 → 10 : 5

3 : 2 → 9 : 6

차(差)인 1이 200원

이 방법은 차가 같을 때도 마찬가지로 이용할 수 있습니다. 하지만 이렇게 '합이 같은', '차가 같은' 경우의 풀이법을 배우면 다음과 같이 '합과 차가 모두 다른' 문제가 나왔을 때 막혀 버립니다.

【예2 : 합과 차가 모두 다름】

철수와 영수가 가진 돈의 비는 3대 2였는데, 철수가 800원을 쓰고 영수가 용돈으로 400원을 받자 비가 5대 8이 되었습니다. 철수가 처음에 가지고 있던 돈은 얼마일까요?

【예2 비를 같게 만들어 푸는 법】

철수가 800원을 쓴 것이 아니라 반대로 $400 \times \frac{3}{2}$ = 600원을 받았다고 가정하면 두 사람이 가진 돈의 비는 여전히 3대 2가 됩니다. 이때 영수는 400원을 받고 2가 8이 되었으니 철수의 3은 12가 되는데, 이에 따라 12 − 5 = 7은 600 + 800 = 1400원임을 알 수 있습니다. 그러므로 1은 200원이며, 철수가 처음 가지고 있었던 돈은 200 × 12 − 600 = 1800입니다.

【예2 비례식을 이용해 푸는 법】

처음 가지고 있던 돈을 각각 ③과 ②라고 하면,

(③ − 800) : (② + 400) = 5 : 8이 되어,

⑩ + 2000 = ㉔ − 6400에서,

⑭ = 8400, ① = 600원이므로, 600 × 3 = 1800원

※비례식으로 푸는 편이 분명히 더 빠르고 편합니다. 합이 일정하거나 차가 일정할 때도 비례식을 사용해 풀면 시간 절약에 도움이 될 것입니다. 앞의 【예1】과 같은 경우는 다음과 같이 풉니다.

【예1 비례식을 이용해 푸는 법】

철수가 가진 돈을 ②, 영수가 가진 돈을 ①이라고 하면,

(② − 200) : (① + 200) = 3 : 2

③ + 600 = ④ − 400, ① = 1000, 따라서 ② = 2000원

※이 계산 방법에 빨리 익숙해지면 ①을 사용하는 방정식을 푸는 솜씨도 좋아져 성적이 향상될 것입니다. 합이 일정, 차가 일정한 패턴의 풀이법을 반복해서 연습하기보다는 비례식 계산 훈련을 반복하는 편이 수학 실력을 향상시키는 데 효과적입니다.

11. 최소 공배수를 이용하는 법

전체의 양을 나오는 분수의 분모들의 최소 공배수로 만들면 이후의 계산을 모두 정수로 할 수 있어 편합니다. 일반적인 풀이법으로 계산할 때도 어차피 분수를 더하거나 뺄 때 통분을 하기 위해 반드시 최소 공배수를 구해야 하므로 이렇게 하는 편이 훨씬 합리적이며 쉽게 이해할 수 있습니다.

> 【예1】 영희가 가지고 있는 돈의 $\frac{1}{4}$보다 300원을 더 썼더니 처음 가지고 있었던 돈의 $\frac{1}{3}$이 남았습니다. 영희는 처음에 얼마를 가지고 있었을까요?

【예1 일반적인 풀이법】

전체의 $\frac{1}{4}$과 300의 합이 전체의 $1 - \frac{1}{3} = \frac{2}{3}$ 이므로, $\frac{2}{3} - \frac{1}{4} = \frac{5}{12}$ 가 300에 해당합니다.
따라서 $300 \div \frac{5}{12} = 720$원

【예1 최소 공배수를 이용하는 방법】

4와 3의 최소 공배수는 12이므로,

전체(처음 가진 돈)라고 놓습니다.

그러면 사용한 돈은 ③ + 300이고 남은 돈은 ④이므로,

⑫ = ③ + 300 + ④가 되며,

이에 따라 ⑤ = 300이므로, ⑫ = 720원

12. 정리

수학은 다른 과목 이상으로 시간과의 싸움입니다. 얼마나 '빠르고 정확하게' 처리하느냐가 승부인데, '빠르고 정확하게' 처리하는 방법은 반드시 알기 쉬우며 편해야 합니다. 문제를 푸는 본인이 더 편하고 알기 쉽다고 느끼는 풀이법을 사용하면 어떤 문제가 출제되어도 '빠르고 정확하게' 대처할 수 있기 때문입니다.

결론부터 말하자면, "가장 이해하기 쉬운 풀이법이 가장 좋다."라고 할 수 있습니다. 풀이법이 두 가지가 있을 때 조금 더 번거로운 방법을 선택했다고 해도 그 때문에 문제를 틀리는 일이 없다면 다른 방법을 억지로 사용할 필요는 없습니다. 다만 본인이 실수를 자주 한다면 새로운 방법을 찾아야 합니다. 풀이법을 배우는 이유는 결국 문제를 맞히기 위해서이니 정답을 맞히기 쉬운 방법을 익히면 되는 것입니다.

예전에 저는 가정 교사로 가르치던 I에게 곤충의 종류를 가르쳐 준 적이 있었습니다. 그 아이는 이미 그것을 학원에서 배웠지만 학원에서 가르쳐 준 암기법으로는 잘 외우지 못하기에 제가 다른 암기법을 가르쳐 주었습니다. I는 그 방법으로 확실하게 외울 수 있었는데, 학원에서 시험을 볼 때 제가 가르쳐 준 암기법대로 답을 썼더니 학원 선생님이 자신이 가르쳐 준 순서대로 쓰지 않았다는 이유로 오답 처리를 해 버렸더군요.

암기법이 달랐던 만큼 당연히 곤충의 순서도 달랐는데, 몇 가지 예시 중에서 답을 골라 적을 때 순서를 학원 선생님이 가르쳐 준 것과 다르게 적었던 것입니다.

분명히 전부 올바르게 적었는데 자신이 가르쳐 준 것과 순서가 다르다는 유치한 이유로 오답 처리를 하는 것은 조금 의아한 일입니다. 시무룩해진 아이에게 "학교 시험 때는 정답으로 인정해 주니까 걱정 마."라고 위로해 주었습니다.

중요 단원에는 수많은 문제 유형이 있으며 다양한 풀이법이 존재합니다. 이것들을 모두 소개하기는 힘들기 때문에 이번에는 이쯤에서 끝을 맺도록 하겠습니다. 또 다른 기회에 이번에 소개하지 못한 다른 단원에 대해 더 자세히 다룰 수 있기를 바라면서 이만 줄일까 합니다.

부모님께서 주의할 점

부록

자녀를 둔 부모님에게 몇 가지 당부를 드리고자 하는 점이 있습니다. 여기에서는 먼저 정신적인 측면에 대해, 그리고 정보와 관련된 이야기를 할까 합니다.

1 부모 자식 간의 관계에 대해

시험을 보는 데 있어서 중요한 것은 무엇일까요? 물론 높은 점수를 받는 것이지요. 하지만 제가 오랫동안 경험한 바에 따르면 가장 중요한 것은 '부모 자식 간의 관계'가 아닐까 싶습니다.

부모와 자식이 이런 관계여야 한다는 공식은 물론 없겠지만, 이런 관계는 별로 바람직하지 못하다고 생각하게 되는 예를 지금까지 몇 번인가 보았습니다. 그중에는 시험 결과도 좋지 않았던 사례도 있습니다. 또 반대로 보기만 해도 기분이 좋아지는 사례도 있었는데, 이런 가정의 아이는 예외 없이 성적이 좋더군요.

시험 결과뿐만 아니라 아이의 성장과 장기간에 걸친 부모와 자식의 유대 관계를 생각하면 저는 부모 자식 간의 관계야말로 시험 성적에서 가장 중요한 요소라고 생각합니다.

2 아이를 비판하지 않는다

누구나 자기 아이가 공부를 잘하기 바랍니다. 특히 어머니의 마음은 어머니가 되어 보지 않으면 알 수 없을 만큼 간절할지도 모릅니다. 하지만 그런 마음이 너무 강해 과도한 기대를 품은 나머지 아이의 단점에만 신경을 쓰는 어머니가 많습니다. 저는 이것이 당연한 일이라고 보며 그것 자체를 나쁘다고는 생각하지 않습니다. 오히려 어머니의 그런 본능이 아이를 보호해 준다고도 할 수 있습니다.

하지만 그런 결점을 본인의 마음속에만 간직하지 않고 다른 사람들에게도 말한다면 그것은 조금 문제가 있습니다. 다른 사람, 특히 교사에게 자기 아이의 단점을 말할 정도라면 그 전에 아이에게도 직접 그런 말을 했겠지요. 그렇다면 그 때문에 이미 부모와 자식의 관계가 악화되었을 가능성도 있습니다.

선생님은 부모가 굳이 말하지 않아도 그 아이의 단점이 무엇인지 알고 있기 마련입니다. 누구에게나 단점은 있지요. 게다가 그런 단점 중에는 평생 고쳐지지 않을 것 같은 것도 있습니다.

하지만 그것이 그 아이의 개성일 수 있습니다. 그리고 때로는 그 단점이 아이가 성장하기 위한 원동력이 되기도 합니다. 가령 산만한 아이가 주의 깊은 아이보다 일을 빠르게 척척 처리할 때도 있습니다. 물론 건성으로 처리하면 곤란하지만, "정성껏 해야지!"라고 주의만 주면 앞으로 나아갈 에너지를 잃어버려 속도까지 늦어질 수도 있습니다. 다른 사람에게 피해를 주거나 거짓말을 밥 먹듯이 하는 것이 아닌 이상은 너무 부정적인 측면만 봐서는 안 됩니다.

또 다른 사람과 비교하지 말아 주십시오. 잘난 형제나 친구와 비교하는 것은 비교 당하는 당사자에게는 어떻게 할 수도 없는 괴로운 일입니다. 어머니는 아이가 분한 마음에 분발하기를 바라겠지만 오히려 의욕만 깎아 버리는 역효과를 가져올 수도 있습니다.

면담을 할 때 "저는 제 아이를 너무나 사랑한답니다.", "정말 좋은 아이지요.", "마음씨 착하고 남을 생각할 줄 아는 아이랍니다."라고 자기 아이를 자랑하는 어머니는 그리 많지 않습니다. 하지만 그런 가정의 아이는 절대로 성적이 나쁘지 않습니다.

❸ 아이 앞에서 불안한 감정을 말하지 않는다

시험은 조금 과장을 보태자면 아이에게 지옥과도 같습니다. 제 경우는 너무 둔감해서 아무 느낌도 없었지만, 아이들 중에는 시험을 두려워하는 경우도 많습니다.

또 평소에 쪽지 시험을 볼 때는 문제가 없는데 모의고사 등 학교에서 보는 시험에서는 제 실력을 발휘하지 못하는 아이가 많은 이유는 '못 보면 어떡하지?'라는 공포심에 극도로 위축되기 때문입니다. 이런 경향은 남자아이에게 많지만 여자아이 중에도 그런 아이가 없지는 않습니다. 여기에는 평소에 가정에서 나누는 대화나 마음가짐이 커다란 영향을 끼칩니다.

아이 어머니가 "얘는 너무 느긋해서 도무지 수험생 같지가 않아요."라고 자기 아이에 대한 불만을 털어놓으면 저는 "그래도 불안해하면서 공부하는 것보다는 그편이 훨씬 낫습니다."라고 말해 주곤 합니다. '못 보면 어떡하지?'라는 불안감에서는 강한 에너지가 솟아나지 않습니다. 그리고 정말로 아이가 약해질 우려가 있지요. 공부를 게을리 한다면 주의를 줘야 하겠습니다만, 열심히 공부하는 아이 앞에서 "못 보면 어떡하지?"라는 말을 하는 것은 폭언이나 다름없습니다. 아이라고 왜 겁이 안 나겠습니까? 그러니 "걱정 안 해도 된단다. 열심히 하면 반드시 좋은 결과가 있을 거야."라고 격려해 주십시오.

누구나 좋은 성적을 받고 싶지만, 설령 아쉬운 결과가 나왔다 해도 아이의 인생은 이제 막 시작되었을 뿐이라는 강한 마음을 부모가 품고 있어야 합니다.

4 못한다고 꾸짖지 않는다

 노력이 부족하다고 주의를 줄 수는 있어도 못한다고 꾸짖어서는 안 됩니다. 대신 성적을 높일 수 있는 구체적인 방법을 제시하고(사실 이것이 간단하지는 않습니다. 학원의 담임 선생님과 상담해서 정하게 되지요) 아이가 그 방법을 실천하도록 도와주십시오. 그리고 아이가 잘 실천하고 있다면 칭찬해 주는 것도 중요합니다. 아이가 잘하기를 바라고 결과를 기대하는 것이 부모의 마음이겠습니다만, 성적은 갑자기 올라가지 않는 법이니 느긋하게 기다려 주는 자세도 필요합니다. 지나치면 아이가 커닝 등 부정행위를 저지를 수도 있으며, 공부 잘하는 친구를 원망하는 불행한 경험을 할 수도 있습니다. 꾸준히 노력을 계속하는 것이 아이의 장래를 위해서도 좋은 경험이 됩니다.

5 학습 계획을 세운다

 일일 학습 계획을 만드십시오. 아이에게 맡기기에는 무리가 있습니다. 아이는 너무 잘 짜려고 하다가 실행 불가능한 계획을 만들어 버리기 쉽지요. 매일 어느 정도 공부를 해야 하는지는 아이마다 다르기 때문에 말씀드리기가 힘들지만, 학원에 다니지 않는 날은 적어도 3시간은 하는 것이 좋습니다. 학원이나 학교에서 내주는 숙제는 거의 일정한 흐름이 있을 테니 일단 그것을 처리할

요일과 시간을 정합니다. 이것은 아이와 이야기해 결정하도록 하십시오. 주어진 문제집이나 프린트 등의 분량이 너무 많아서 도저히 감당할 수 없다면 일부는 제외시켜야 합니다. 아마도 학교 숙제나 과제는 안 할 수가 없을 테니 학원의 담임 선생님과 상담해 보길 바랍니다(누구나 마찬가지겠지만, 저는 처음 가르치는 아이의 경우 먼저 이 학습 계획의 흐름을 파악하는 것부터 시작합니다).

6 취미 활동은?

학습 계획을 세울 때 문제가 되는 것이 바로 취미 활동입니다. 그런데 이 문제는 같은 학원 안에서도 반드시 그만둬야 한다고 생각하는 선생님이 있는가 하면 그만둘 필요는 없다는 선생님도 있습니다. 상담할 때마다 참으로 고민되는 문제이지요. 저는 아이의 상황과 취미 활동의 내용에 따라 다른 대답을 합니다. 가령 야구나 축구같이 팀을 짜서 하는 스포츠는 자기 혼자만의 문제로 끝나지 않을 수 있습니다. 또 피아노 등과는 달리 연습이 끝나면 녹초가 돼서 공부를 할 여력도 없는 경우도 있습니다.

지역 소년 축구 클럽에 소속된 N이라는 아이가 있었습니다. 이 아이는 축구 실력이 뛰어나서 강팀을 찾아 클럽을 바꾸고, 새로운 팀에서도 주전을 꿰찰 정도였지요. 다만 공부는 '이 정도 성적으로는 조금 위험하지 않을까?' 싶은 수준이었습니다.

그래서 저는 늦어도 6학년 1학기 중에는 클럽을 그만두도록 권유했지만, 주전이었기 때문에 그렇게 쉽게 빠져나올 수는 없는 모양이었습니다. 본인도 축구에 푹 빠져 있어서 과연 그만둘 수 있을지 걱정이 됐지만 다행히 여름 방학 전에 그만둘 수 있었고, 그 후로 수학 기초 문제 풀이를 철저히 반복해 다행히 N이 원하는 학교에 합격했습니다. 시기적으로 참 아슬아슬한 상황이었지요. 만약 축구를 계속했다면 합격은 어려웠을 것입니다.

축구 외에 야구나 수영 같은 운동도 피로가 쌓이기 때문에 연습에 소요되는 시간 이상으로 시간을 잃을 수밖에 없습니다. 반면에 피아노나 바이올린 같은 음악 관련 분야는 그런 시간 낭비가 없기 때문에 다소 시간을 할애해서라도 계속할 수 있을 때도 있습니다. 제 제자 중에는 여자아이가 많아서 음악과 관련된 취미 활동을 어떻게 해야 할지 상담해 오는 일이 많았습니다. 대부분 장래에 음악가의 길을 걷고 싶어 하는 것까지는 아니었고, 그런 취미 활동이 기분 전환에 도움이 되어 공부에 열중할 수 있도록 만들어 주기도 하기 때문에 저는 어느 정도 제한만 하는 선에서 허용했습니다.

다만 주의할 점이 있는데, 취미 활동을 계속하면서도 원하는 학교에 합격한 아이의 이야기를 너무 진지하게 받아들여서는 안 됩니다. 성공한 아이와 부모는 아무래도 자신들의 성과를 남들에게 자랑하고 싶어 하는 경향이 있습니다. 그것이 다른 사람에게 도움이 될 때도 있지만, 그런 이야기를 들을 때는 어디까지나 냉철하게 판단해야 합니다.

가령 합격 수기에 자신은 여유 있게 합격했다(가르친 쪽에서 볼 때는 절대 그렇지 않은데……)고 쓰고 싶어 하는 아이가 있습니다. 끝까지 취미 활동은 포기하지 않았다든가, 집중해서 공부한 시기는 입시 직전의 한 달뿐이었다는 식으로 글을 쓰지요.

하지만 현실은 그렇게 만만하지 않습니다. 다른 사람의 이야기에 현혹되지 말고 그 사람은 그 사람, 나는 나라는 마음가짐으로 공부해야 합니다. 또 취미 활동을 허가받았더라도 자신이 놀고 있는 사이에 다른 아이들은 공부를 하고 있음을 자각하고 취미 활동이 끝나면 공부에 집중하려는 마음가짐이 필요합니다. 그럴 수 있는 아이는 취미 활동을 포기하지 않아도 원하는 학교에 입학할 수 있습니다.

7 만화책은? 텔레비전은? 게임은?

아이들은 만화책이나 텔레비전, 게임을 좀처럼 끊지 못합니다. 이것 역시 학습 계획을 세울 때 커다란 문제가 됩니다. 아이가 도저히 끊지를 못하니 부모는 '공부하기 전에 딱 30분만' 이라고 아이와 약속을 하지만, 30분이 40분이 되고 40분이 1시간이 되기 일쑤지요. 그리고 막상 공부를 시작하려고 하면 마음이 콩밭에 가 있어 공부에 집중하지 못합니다. 아이의 이런 모습을 보면 부모는 더욱 초조해지지요. 이런 집이 꽤 많을 것입니다.

　텔레비전 뉴스를 보면 시사 문제를 아는 데 도움이 되지만, 단순한 오락 방송이나 애니메이션은 공부에 아무런 도움이 되지 못합니다. 만화나 게임이 중독성이 있는 이유는 '다음'이 궁금해지기 때문입니다. '다음'에 어떤 일이 일어날지 알고 싶어서 끊지를 못하는 것인데, 그것을 과감하게 끊어 버리면 얼마 후에는 아무래도 상관없어지기 마련입니다. 조금만 참으면 되는 것이지요.

　제가 있던 학원에서는 가을에 6학년들에게 '게임 금지령'을 내렸습니다. 남자아이들은 단순하기 때문에 거창하게 이런 통지를 보내면 정말로 딱 그만둡니다. 또 이렇게 딱 그만둘 수 있는 아이, 그만두게 할 수 있는 가정 환경이 아니면 공부를 제대로 할 수 없겠지요. 게임이 기분 전환을 시켜 줘 공부에 도움을 준다는 논리는 환상일 뿐이지요. 또 여담이지만, 저희 아버지는 공부에 방해가 된다면서 텔레비전을 사 주지 않았습니다. 저희 집에 텔레비전이 생긴 때는 제가 고등학교에 입학한 다음이었습니다.

8 공부에 취미가 없는 아이와의 관계는?

　저는 6학년 때 텔레비전이 없었기 때문에 친구들하고 대화가 되지 않았습니다. 또 학교가 끝난 뒤에도 공부에 몰두했기 때문에 친구들과 놀았던 기억이 거의 없습니다. 하지만 좋은 중학교에 들어간 뒤에는 저보다 여러 가지 면에서 뛰어난 친구들을 만났습니다. 그 덕분에 초등학교 때 친구를 만들지는 못했지만 지금은 진심으로 행복하게 살고 있습니다. 지금도 만나고 있는 소중한 친구들은 대부분 중학교와 고등학교 때 사귄 친구들입니다.

U라는 아이가 있었습니다. 5학년이었을 때부터 2년 동안 가정교사를 맡았던 아이인데, 이 아이는 한동안 공부에 취미가 없는 친구들과 노는 것을 그만두지 않아 좀처럼 공부에 집중하지 못했습니다. 시험을 잘 보겠다는 강한 마음가짐이 갖춰지지 않아 성적도 오르지 못했지요.

그래서 저는 6학년이 된 U에게 위와 같은 제 경험담을 조용히 이야기해 줬습니다. 처음에는 그 의미를 잘 이해하지 못하는 듯했지만, 점차 밖에서 놀지 않고 공부에 열중하게 되었습니다. 기초적인 부분이 너무 부족했지만 본인의 의지가 워낙 강했기 때문에 한번 지켜보기로 했습니다. "이제는 밖에서 안 놀 거예요."라는 아이의 결의를 인정해 줄 수밖에 없다고 생각했기 때문이었습니다. 마지막 합격 가능성 판정 시험의 결과는 정말 엉망이었지만, "이래도 시험을 보겠니?"라고 물으니 조금도 망설이는 기색 없이 "네, 볼 거예요."라고 대답하더군요. 저는 이렇게 씩씩한 아이라면 반드시 성적이 오를 수 있을 것이라고 생각했습니다.

결과적으로 이 아이는 높은 성적으로 졸업하고 우수한 중학교에 당당히 합격했습니다. 친구들에게 얽매이지 않고 자신의 의지대로 행동하는 것이 얼마나 중요한지, U는 깨달았을 것입니다.

9 모르는 것이 있으면 물어보게 한다

앞에서도 썼지만, 질문은 참으로 중요합니다. '모르는 것, 알 것 같기는 하지만 자신이 없는 것'이 있으면 반드시 질문하게 해야 합니다. 이때 부모가 잘 설명해 줄 수 있는 경우도 있지만, 대부분은 다음과 같은 이유 때문에 설명이 잘 되지 않습니다.

❶ **부모 자식 간에는 아무래도 감정적이 되어 버린다.**

❷ **학원과 다른 방식으로 설명하면 아이가 이해하지 못한다.**

학원에서 어떻게 설명해 줬는지 아이에게 설명해 보게 하는 것도 하나의 방법입니다. 그래서 아이가 제대로 설명하면 "아하, 그렇게 하는구나. 좋은 걸 배웠네."라고 말해 줍시다. 부모가 공부의 내용을 아이보다 잘 안다고 항상 증명할 필요는 어디에도 없습니다.

10 훌륭한 설명이란? — 사고력편

아이가 모르는 문제를 어머니나 아버지에게 많이 질문하는 가

정도 있을 것입니다. 이렇게 질문을 받을 때 주의해야 할 점이 있습니다. 끝까지는 설명해 주지 않는 것입니다.

저도 그렇지만 학원 선생님은 설명을 해 줄 때 마음이 편해집니다. 그래서 '귀찮게 무슨 질문이야?'라는 정신 상태가 아닌 이상은 질문 받은 문제를 끝까지 풀어 주게 되기 쉽습니다. 조금 과장을 보태자면 '어때, 내가 이겼지?'라는 심리 상태라고 할까요?

부모도 이렇게 되기 쉬운데, 이래서는 안 됩니다. 어디까지 이해했는지 얼굴빛을 살피면서 천천히 설명을 해 주고, '아, 여기는 이해를 못했구나.'라고 느끼면 끈기 있게 처음부터 다시 설명해 줘야 합니다. 이때도 이해할 것을 강요하는 말이나 분위기는 절대 금물이지요. 그리고 아이가 설명을 이해하기 시작하면 본인에게 맡기는 것이 좋습니다. 조금씩 이끌어 주면서 마지막 답은 본인이 맞히게 하는 것이지요. 아이가 제대로 풀면 "거 봐, 너도 할 수 있잖아? 잘했어!"라고 칭찬해 주면 됩니다.

또 중요한 점은 어른들이 '느긋하게 기다려 주는 것'입니다. 성급하게 결과를 요구하지 않고 지켜봐 주는 것이지요. 어쩌면 이것이 가장 어려운 일인지도 모르겠습니다. 하지만 아이의 행동이나 생각이 멈추더라도 화를 내거나 재촉하지 말고 무엇을 모르겠는지 물어봐 주십시오.

똑같은 설명을 반복하게 되더라도 귀찮아하면 안 됩니다. 말이나 행동에 조급함이 담겨 있으면 책임을 느낀 아이는 스스로 생각하기를 멈추고 가르쳐 주는 대로 답을 구하게 됩니다. 그래서는 사고력이 성장하지 못합니다.

11 칭찬하는 법, 격려하는 법

칭찬은 중요하지만 건성으로 하는 칭찬은 역효과를 가져옵니다. 칭찬을 할 때는 구체적으로, 그리고 마음을 담아야 하지요. 구체성이 없고 말뿐인 칭찬은 '공부를 시키려고 마음에도 없는 말을 한다.'라고 아이가 느낄 수 있습니다. 어린 아이들은 의외로 부모의 심리에 민감하지요. "글씨가 예뻐졌구나.", "자세가 바르구나.", "어려운 문제인데 잘 풀었네. 대단해."와 같이 구체적인 메시지를 전달해 주기 바랍니다.

그리고 격려를 할 때는 아이에게 부담이 되는 말은 피해야 합니다. 미국 영화에 자주 나오는 대사같이 "너라면 할 수 있어."라는 말은 안 됩니다. 아이에게는 아무런 근거도 없는 말로 들리기 때문이지요. 그보다는 스포츠를 예로 들면 메시지를 알기 쉽게 잘 전달할 수 있습니다.

"네가 축구 선수라고 생각해 보렴. 멋진 슛을 하고 싶거나 화려한 드리블을 하고 싶으면 열심히 연습하겠지? 주전 선수가 돼서 경기에 나가고 싶으면 연습을 하지 않겠니? 아무런 연습도 하지 않아서 실력이 그대로면 경기에 나가지 못할 거야. 너보다 잘하는 사람을 보고 어차피 난 안 된다면서 연습도 포기하겠니? 아니지? 모두들 열심히 연습해서 잘하게 된 거란다. 누구든 열심히 연습하면 잘할 수 있어. 공부도 마찬가지야. 가만히 있는데 잘하는 사람은 없단다. 놀면서도 잘하는 것 같은 아이도 사실은 그만큼 공부를 하고 있어. 연습하지 않고 경기를 하면 지는 것처럼 공부를 하지 않고 시험을 보면 성적이 나쁠 수밖에 없단다. 그러니까 조금만 더 노력해 보렴. 나도 응원해 줄게."

이것은 제가 예전에 아이들에게 했던 말입니다. 부모가 아이에게 이런 이야기를 하기는 쉽지 않을지도 모릅니다. 아무래도 감정적이 되기 쉽거든요.

아이를 소중하게 여긴다는 마음을 전하는 것이 중요합니다. 그렇기 때문에 평소의 부모 자식 관계가 성적에 영향을 끼치는 것이지요. 허식이 없는 솔직한 관계를 유지할 수 있다면 반드시 성적에서도 좋은 결과가 있을 것입니다.

12 왜 공부해야 하는가?

아이가 원해서 시작하는 사례도 있습니다만 대부분은 부모가 먼저 원합니다. 따라서 한참 놀고 싶을 나이의 아이들에게 공부는 고통으로 느껴지기 마련입니다. 10이라는 양을 공부해도 아무렇지 않은 아이가 있는 반면에 3의 양에도 견디지 못하는 아이도 있습니다.

특히 성적이 오르지 않아 부모가 원하는 수준에 이르지 못할 것 같다고 생각되면 아이는 한층 괴로움에 빠집니다. 그래서 왜 공부를 해야 하는지를 이해시켜야 하는데, 부모가 이것을 아이가 이해하기 쉽도록 말해 주기는 그리 쉽지 않습니다.

그런데 "할 마음이 없으면 그만두거라."라고 말하면 아이들은 대부분 "아니요, 할 거예요."라고 대답합니다. 아직 어리기 때문에 현실을 직시하지 못하는 것이지요. 그리고 점차, 마음은 있지만 몸이 움직이지 않는다 → 성적이 오르지 않는다 → 부모가 초조해한다 → 심한 말을 한다 → 아이는 더욱 기운을 잃는다…… 라는 악순환에 빠지게 됩니다.

혹은 역시 어린 아이들에게 많이 보이는 현상인데, 무조건 부모가 말하는 대로 따르면 된다는 생각에 형식적으로 공부하는 아이도 있습니다. 주어진 분량만 기계적으로 소화할 뿐 내용을 이해할 때까지 깊이 생각하지는 않는 것이지요.

암기 과목의 경우도 마찬가지로, 분명히 공부를 시켰는데 아이는 기억하지 못합니다. "이만큼 공부를 하는데 왜 성적이 오르지 않을까요?"라는 질문을 받는 경우의 상당수는 여기에 원인이 있지요. 부모가 시끄러울수록 그런 악순환은 더욱 깊어집니다.

사실 여기에는 '좋은 중학교에 가는 것이 좋을 것 같기는 한데, 사실 엄마가 시키니까 하는 것이지 나는 하고 싶지 않다.' 라는 아이의 본심이 숨어 있습니다. 목표를 이루기 위해서는 참아야 할 때도 있지만 어린 마음에 참지 못하면 그렇게 행동하는 것이지요.

13 친구의 중요성

중학교·고등학교 시절은 정신적으로도 급성장하는 시기입니다. 부모에게는 도움을 청하기 어려운 여러 가지 일들에 부딪히게 되기 때문에 스스로 생각하고 행동해야 하지요. 그럴 때 친구는 참으로 큰 힘이 됩니다. 좋은 친구와 만나기 위해 공부를 열심히 한다고도 생각할 수 있지 않을까요? 저는 경험을 통해 이렇게 결론을 내렸습니다.

저는 나카노구의 공립 초등학교에서 도쿄학예대학 부속 고가네이 중학교에 들어갔고, 고등학교는 도쿄도립 니시고등학교에 진학했습니다. 저의 중·고등학교 생활은 하루하루가 즐거웠습니다. 열심히 공부하고 신나게 특별 활동을 했지요. 나쁜 장난을 치다가 혼이 나기도 했지만 학교에 가는 것이 너무 즐거운 나머지 오히려 여름 방학이 지루해 견딜 수 없을 지경이었습니다. 지금도 몇몇 친구들과 만나는데, 당시 그 친구들에게 배웠던 것들은 참으로 도움이 되었습니다. '사람을 사귀는 법', '말을 잘하는 법', '돕고 사는 법', '지식에 대한 동경심', '예술에 대한 흥미' 등을 친구들에게 배웠지요.

이런 친구들을 만날 수 있었던 까닭은 좋은 중학교에 입학했기 때문이었습니다. 모두 공부를 열심히 했기 때문이었습니다. 같은 목표를 갖고 모두 함께 공부했던 친구들이니까요. 좋은 중학교에 들어가 저는 결과적으로 좋은 친구를 만날 수 있었습니다.

14 본질은 공부

중학교든 고등학교든 가장 중요한 것은 공부입니다. 무엇에 도움이 될지는 모르지만 이것저것 공부해야 하는 시기이지요. 너무 거창한 소리인지는 모르겠지만, 학문은 원래 그런 것이 아닐까요? 즉 무엇인가에 도움이 될 목적에 작은 목표를 세우는 것이 아니라 닥치는 대로 경험하고 흡수하고 익혀 나가면서 인간적으로 성장하는 것이 아닐까 생각합니다.

제 제자 중에 도쿄대학에 진학한 아이가 있는데, 그 아이는 초등학생 때 생물 과목에 참 약했습니다. 그래서 입시 때도 어려움을 겪었지요. 하지만 어째서인지 도쿄대학 이과에 진학하더니 졸업한 뒤에는 바이오 공학 분야에서 일하고 있습니다. 그렇게 생물을 싫어했는데 왜 바이오 공학을 선택했느냐고 물어보니까, 고등학교 때 생물 수업이 재미있어서 흥미가 생겼다는 것이었습니다. 그 사람이 어떤 재능을 숨기고 있는지는 쉽게 알 수 없습니다. 무엇을 좋아하게 될지도 모릅니다. 기껏해야 학원 강사밖에 되지 못한 제가 말하기는 뭣하지만, 중학교와 고등학교에서는 여러 가지를 공부하며 미래를 준비해야 합니다.

15 학원을 고르는 법

좋은 교재와 능력 있는 선생님, 무리 없는 시간표, 타당한 수업료 등 모든 조건을 만족하는 학원은 사실상 없다고 해도 과언이 아닐 것입니다. 모든 학원에는 장점이 있으면 단점도 있습니다.

좋은 교재 …… 대형 학원에서는 독자적인 교재를 만들고 있습니다. 교과 과정에 따라 다소 진행 방식에 차이가 있는데, 어디가 가장 뛰어난지는 판단하기 어렵습니다. 어떤 곳의 교재는 전체적으로 나쁘지는 않은데 내용이 오래되었고 양이 너무 많으며 또 다른 학원의 교재에는 독창성이 없는 등 각기 단점도 눈에 띄기 마련입니다. 교재의 내용은 좋지만 양이 너무 많을 때는 가정에서 자발적으로 취사선택을 해야 합니다. 조그마한 학원에서는 교재의 내용을 압축해서 교과 과정을 간략하게 만드는데, 그런 만큼 질적, 양적으로 부족한 측면이 있습니다. 어쨌든, 주교재의 수준으로 학원의 수준을 판단할 수는 없지 않을까 생각합니다.

시험······배운 내용이 어느 정도 정착되었는지 확인하는 방법이 시험입니다. 하지만 매주 성적을 발송해 부모와 아이를 괴롭게 만드는 것은 좋지 않다고 생각해 시험 실시에 소극적인 학원도 있습니다. 또 배운 내용을 완전히 소화하지 못하고 시험을 치를 수도 있다는 위험성은 있지만 시험이 없기 때문에 아이들이 즐겁게 공부할 수 있어 오히려 학력은 향상된다는 생각 때문이기도 하지요.

저는 개인적으로 제가 가르친 내용을 아이들이 어느 정도 소화시켰는지 알지 못하면 진도를 나갈 수 없다고 생각합니다. 자신의 지도 내용이 어떤 결과를 가져왔는지 알지도 못한 채 수업을 계속하는 데에 저항감이 느껴지는 것이지요.

성적이 부진한 아이의 경우는 더 좋은 성적을 내는 것을 목표로 정하지 않고 '이번 주에는 이것만이라도 익히자.' 와 같은 과제를 부여합니다. 점수가 나쁘더라도 과제를 달성했다면 잘했다고 칭찬해 주는 것이지요.

입시에 필요한 자세한 지식은 꾸준히 쌓아 나가야 한다고 생각합니다.

선생님······어떤 선생님이 뛰어난 선생님일까요? 저는 제 결점을 알고 있기 때문에 저 자신을 모델로(?) 설명을 드릴까 합니다.

먼저, 당연한 말이지만 학력이 필요합니다. 아이들의 다양한 질문에 바로 대답해 줄 수 있다면 신뢰감도 커집니다. 또 경험도 풍부하다면 더욱 좋겠지요. 학생 강사들은 아이가 어느 정도 수준이면 이 학교에 합격할 수 있는가를 판단할 만한 경험이 쌓여 있지 않습니다.

어느 대형 학원에서 있었던 일인데, 한 아이의 어머니가 "우리 아이는 어떤 방면에 소질이 있다고 생각하시나요?"라고 묻자 담임 선생님은 "규정상 그런 질문에는 대답해 드릴 수 없습니다."라고 말했다고 합니다. 그런 규정이 정말 있는지는 둘째 치고라도, 아마 그 선생님은 아이가 어느 정도의 수준인지 판단을 못 내리고 있었을 것입니다.

진학 지도를 잘하느냐는 그 선생님이 좋은 선생님이냐를 생각할 때 중요한 요소입니다.

사실 부모는 선생님이 잘 가르치는지 못 가르치는지 알 수가 없습니다. 그렇다면 질문에 바로 대답해 줄 수 있느냐, 아이에 대해 정확히 파악하고 있느냐, 자기 일처럼 진학 지도를 해 주느냐가 좋은 선생님을 판단하는 기준이 아닐까요?

개별 지도 ……당연히 일대일로 배울 때가 더 이해도가 높습니다. 하지만 집단 수업에도 장점이 있습니다. 여럿이 수업을 듣다 보면 농담이 오가거나 어떤 아이의 발언에 수업이 예상치 않은 방향으로 전개되어 아이들이 한층 적극적으로 수업에 임하는 등 개별 지도에는 없는 즐거움이 있습니다. 또 좋은 의미의 경쟁을 벌여 실력이 향상되는 측면도 있습니다.

자기 아이에게만 최대한 신경을 써 줄 수 있는 개별 지도를 선택할지, 아니면 아이들이 서로 경쟁하는 집단 수업을 선택할지는 각 가정에서 판단할 일입니다. 그리고 이때 다른 어머니들의 정보에 너무 휘둘리지 않는 것도 중요합니다. 스스로 판단해 행동하지 않으면 언제까지나 망설임을 떨쳐 낼 수 없으며, 그런 마음이 아이들에게까지 전염되어 버립니다.

맺음말

수학 실력을 향상시키려면

수학을 못하는 아이에게는 기본적으로 '손을 움직이지 않는다.'라는 문제가 있습니다.

그래서 머릿속에서 쉽게 처리할 수 있는 문제, 그림만 보면 금방 판단할 수 있는 문제가 아니면 포기해 버리는 것이지요.

또 '글씨를 대충 쓴다.'라는 문제가 있기도 합니다. 귀찮은 것을 싫어하는 아이들에게 이것은 극복하기 어려운 과제일지도 모르지만, 극복하지 못하는 일이 아니라고 생각하면 그리 어려운 일이 아닐 것입니다. '하지 않으면 안 된다(=해도 안 될 수도 있다).'가 아니라 '하면 된다.'인 것입니다.

그러면, 마지막으로 어떻게 해야 수학을 잘할 수 있는지 정리해 보겠습니다.

1 계산 능력을 몸에 익힌다. 특히 암산과 분수 계산 훈련이 중요하다. 풀이 과정을 적을 때도 주의한다. 계산 훈련은 조금이라도 좋으

니 매일 실천한다.

2 선분을 깔끔하게 그릴 수 있도록 한다.

3 정사각형이나 정육면체를 올바르게 그릴 수 있게 한다.

4 문장 문제를 풀 때는 문제를 읽으면서 주어진 조건을 써 나간다. 몇 번이고 문제를 반복해서 읽지 말고 자신이 써 내려간 조건을 보면서 생각한다.

5 중간 계산에서 나온 답에는 그 의미와 단위를 적어 놓는다.

6 패턴 문제의 기본적인 풀이법을 익힌다.

7 중요 단원의 개념과 편리한 풀이법을 익힌다.

8 확실히 이해가 될 때까지 계속해서 질문한다. '알 것 같다.' 라는 생각에 만족해서는 안 된다.

9 항상 질문에 대답해 줄 수 있는 믿음직한 사람을 만든다. 그 대상이 부모여도 상관은 없지만, 학원의 담임 선생님이 이상적이다.

10 부모 자식 간의 관계에 주의한다. 아이를 너무 비판하면 아이는 자신감과 의욕을 잃어버린다.

아직 초등학생에 불과하다고 할지 몰라도 수학 성적은 아주 중요하며, 커다란 영향을 줍니다. 큰 차이가 생기기 쉬운 과목이며 또한 계산 실수 등에 따른 실점으로 더욱 차이가 벌어질 위험도 있는 과목이기 때문입니다. 수학 실력이 안정되면 성적이 안정되기 시작합니다.

마지막으로, 이 책을 출판하면서 조언과 지도를 아끼지 않아주신 편집부의 후쿠시마 신이치 씨와 이 책을 출판할 기회를 만들어 주신 아리나 학원 대표 요시카와 마사루 씨, 그리고 지금까지 성원해 주신 많은 학부모님께 진심으로 감사의 마음을 전합니다.